ケアリング・リーダーシップ

THE ART OF CARING LEADERSHIP

HOW LEADING WITH HEART UPLIFTS TEAMS AND ORGANIZATIONS

優れたリーダーの「思いやり」のスキル

ヘザー・R・ヤンガー 著
弘瀬友稀 訳

アルク

私の大切な子どもたちであり、思いやりの大切さを教えてくれる存在
――ガブリエラ、セバスチャン、ドミニク、マテオ――へ捧ぐ

目次

ケアリング・リーダーシップ　優れたリーダーの「思いやり」のスキル

まえがき――14
序文――19

はじめに
自分は「思いやりのある」リーダーですか――24
思いやりのあるリーダーになるということ
思いやりあるリーダーシップと矛盾する行動

なぜ思いやりのあるリーダーを目指すのか
思いやりのあるリーダーになるために
思いやりを評価する方法
本書の構成について

第1章

セルフリーダーシップのスキルを身につける

セルフリーダーシップのスキルを身につける——43
「なぜ」導くのかを理解する
一貫性を持つ
意識的に行動する
サポート体制を持つ
セルフケアを実践する
ありのままの自分でいる
自分自身の成長の場を持つ

思いやりあるリーダー▼ハイライト紹介
カレン・ジョンソン（ワシントン矯正局　エクイティ＆インクルージョン管理者）

第2章

部下に自分の価値を感じてもらう——79
部下の貢献を評価する
最前線に立つ
深いつながりを持つ
部下と過ごす時間をつくる
自分の話を共有する
声をかけやすい存在になる
思いやりあるリーダー▼ハイライト紹介
エリック・バン・ブレイマー（シカゴ連邦準備銀行　上席副社長）

第3章
部下の強みを発掘する――107
活躍の場を持たせる
成長するためのツールを与える
思いやりあるリーダー▼ハイライト紹介
ダニエル・マッカラム（トレント・コンサルティング　創業者兼最高経営責任者）
第4章
部下を巻き込む――125
カヌーの教訓
負担させる
部下の観点を取り入れる
貢献を促す

部下を巻き込まなかった場合
思いやりあるリーダー▼ハイライト紹介
ジェニファー・バトラー（インネート・ファーマ　上級副社長兼ジェネラルマネージャー）

第5章
部下を丸ごと導く――143
丸ごと導く理由
リーダーから受け入れる
共感と同情を示す
細部に注意する
セカンド・チャンス
思いやりあるリーダー▼ハイライト紹介
フィル・コーエン（コーエン・アーキテクチュラル・ウッドワーキング　創業者兼社長）

第6章
傾聴の文化をつくる――167
理解しようとすること
耳にした意見の反芻
行動で肯定する
点と点を結ぶ
思いやりあるリーダー▼ハイライト紹介
チャック・ラニアン（セルフ・エスティーム・ブランズ 共同創業者兼最高経営責任者）
第7章
安全な空間を提供する――183
スタートは信頼関係の構築から
本心を語る習慣

発言を促す
心を開き、厳しい言葉にも耳を傾ける
心理的安全性
心理的に安全なコミュニケーションの実践
マイクロアグレッションから守る
マイクロアグレッションが中傷から「気づき」へと変わるとき
私がマイクロアグレッションを受けた経験

思いやりあるリーダー▼ハイライト紹介
ケビン・パターソン（コネクト・フォー・ヘルス・コロラド 最高経営責任者）

第8章
決定権を与える——213
豊かな土壌を提供する
求めるものを明確にする

背中を押してリスクをとらせる
頼れる存在になる
思いやりあるリーダー▼ハイライト紹介
ラリー・サットン（アールエヌアール・タイヤ・エクスプレス　創業者兼社長）

第9章

レジリエンスを鍛える――231
私がレジリエンスを得た理由
相手を導く存在となる
勇気を与える
チーム一丸となって乗り越える
思いやりあるリーダー▼ハイライト紹介
シンシア・グラント（オールヘルス・ネットワーク　最高執行責任者兼最高臨床責任者）

第10章
思いやりあるリーダーシップの投資対効果――251
戦略としての思いやり
ROIの最高指標としてのロイヤルティ
思いやりあるリーダー▼ハイライト紹介
ギャリー・リッジ（ダブリューディー・フォーティ・カンパニー 会長兼最高経営責任者）

おわりに
準備は整いましたか？――264
次に目指す場所
行動とその結果に責任を持つために
診断プロセスについて
自己評価や自己改革を手助けしてもらう理由

思いやりあるリーダーシップ 自己診断――279
ゲスト一覧――280
脚注――317
謝辞――318
索引――325

※本文中の〔 〕は訳注を、（注）は脚注を表します。
※本文中に出てくる組織・企業名や役職名は、２０２１年時点の情報です。

まえがき

私がヘザーに出会ったのは、いたってデジタルな方法でした。実は、直接会ったことは一度もないのです。私たちの共通の友人は、ダブリューディー・フォーティ・カンパニーという会社の会長兼CEOであるギャリー・リッジ氏で、私はリンクトインで日々の感謝を示すちょっとした写真を投稿しています。ヘザーの仕事を知ったとき、私はその情熱と献身ぶりに感銘を受けました。彼女のポッドキャストにゲストとして招かれたこともあり、私たちは今ではかけがえのない友情で結ばれています。ヘザーの使命はただ1つ。リーダーたちが「あらゆる行動の中心に思いやりを持つ」よう、導くことです。それは単に彼女の仕事であるだけではなく、彼女という人間の核心を成すものです。

私自身、彼女の使命に共感を抱いています。私も社会人になったばかりの頃に、自分の人生を変えるリーダーに出会ったことがあるからです。そのリーダーはまさにヘザーが伝えていることをよく理解していました——相手を思いやることで、驚くほどのことを共に成し遂げられるのだと。

私の経験について、少しお話しします。あの電話が来たときのことを、まるで昨日のことのように覚えています。

当時、私の会社のCEOであったケント・マードック氏が、企業内におけるレコグニション［従業員の承認・称賛］について本を書くようにと連絡をしてきました。その頃、私は地方で営業員をしており、その1年ほど前に、我々自身もレコグニション企業として、業界内のソートリーダー［新たな思想を普及させ、先駆者的存在となる企業や個人］になるべきだという話をしていました。そのために、レコグニションを定義する本を出版する必要がありました。

たしかに自分から何本もセールス電話をかけるより、相手が問い合わせてくるようになれば、もっと楽になるはずです。ケントも名案だと思ったようで、私に本を書くようけしかけてきたのです。「いやいや、私が書くつもりはないです！　会社が本を出して、そのおかげで自分も楽ができればと思っただけです」

そのときケントが口にしたひとことが、私の人生を変えることになりました。「チェスター、君は賢い人間だ。企画をよろしく頼むよ」

それからの1年、本のタイトルやアイデアなど、どんな本にすべきかを考えてはいましたが、あまり進展しませんでした（押し寄せるノルマで手一杯のセールスマンでしたから）。そんなわけで次にケントが電話をしてきたとき、彼がまだ本の話を覚えていたことにすら驚きました。ケントはいいました。「広報部に新しい部長を採用したよ。名前はエイドリアン・ゴスティック、作家をやってる。次の販売会議で自己紹介をして、彼と一緒に本を書いてくれ！」

20年と少し経った今、私たちは企業内のレコグニションや従業員エンゲージメント、企業文化についての本を、共に12冊出版してきました。その多くが『ニューヨーク・タイムズ』紙や『ウォール・ストリート・ジャーナル』紙のベストセラーに選ばれ、累計150万部超を売り上げています。また、従業員が「自分の行動には価値がある、物事を変える力がある、そして自分が行動を起こせば、その貢献を認めてくれる人がいる」と感じられるようなチームづくりのため、50カ国以上を訪れ、リーダーや組織の手助けをしてきました。これは素晴らしい使命だと感じていますし、この使命によって世界中のリーダーの人生や組織のあり方がよりよい方向に変わっていれば嬉しく思います。これらを成し遂げられたのも、人生の重要な局面で、自分を思いやってくれるリーダーがいたからです。

あのとき、ケントが本のことをすぐに忘れていても、あるいは、他の誰かに執筆を頼んでいてもおかしくありませんでした。しかし彼は、エイドリアンと私にチャンスを与え、成功への道を切り開いてくれたのです。彼が私の成長を心にかけてくれたからこそ、私の人生も、会社の進む道も、さまざまな面で変わることができました。たくさんの物事が、たくさんの人々にとってよい方向に進みました。それもひとえに、ケント・マードックという人物が、このことをよく理解していたからです——リーダーという存在が、1人の人間にどれだけの影響を与えるかということを。彼はリーダーとして、**思いやりを持つことの美学**を理解していたのです。私は、その恩を決して忘れることはないでしょう。

この話をしたのは、私の大切な友人であるヘザー・ヤンガー氏が書いたこの素晴らしい本の目的が、**あなた自身が周囲に思いやりを持つリーダーになれるよう**、そのロードマップを示すことだからです——あなたについてきてくれる人々、その先にいるチームや顧客、そして彼らの家族、みんなの生活を変えられるようなリーダーになるために。私の知る限り、思いやりあるリーダーの影響は仕事の範囲だけにとどまりません。必ず彼らの家族や周囲の人々に広がっていきます。それって美しいことだと思いませんか。

どうか少し時間を取って、本書『ケアリング・リーダーシップ』でヘザーが伝えることを学び取っていただければと思います。入念なリサーチに基づき、丁寧に書かれたこの本を読めば、きっとあなたも自分の下で働く人々のために、そしてあなた自身のために、あるべきリーダーの姿になれるでしょう。人生におけるさまざまな挑戦のなかで、私たち全員が共通して学ぶことが1つあるとすれば、それは、**互いを思いやれば物事はすべてうまくいく**ということです。必要なものはすべてこの本のなかに用意されています。あとはただ、覚悟を決めて読み始めるだけです。
あなたの「リーダーシップという旅路」が、すべての行動の中心に思いやりを持つ、そんな機会で満ち溢れますように。

感謝をこめて

チェスター・エルトン

ベストセラー『Leading With Gratitude［感謝で導くリーダーシップ］』『「一緒に仕事できて良かった！」と部下が喜んで働くチームをつくる52の方法』『ニンジンの法則』著者

感謝の使徒！

序文

この本を読んでいるみなさんと同じように、私が出会ったなかにも「本当の意味で」思いやりを持って接してくれる上司もいれば、そうではない上司もいました。思いやりのない上司を持ったときは、「自分は何でもない存在として扱われている」「私の代わりはいくらでもいる」と感じました。反対に、私に心を向けてくれていると思えたたった数人の上司は、「チームや組織の成功のために、自分が重要な役割を果たしている」と感じさせてくれました。

私は周りの人々に寄り添い、彼らの貢献を深く評価する人間です。そのため、私のチームに直接関わっている従業員もそうでない従業員も、私に相談を持ちかけ、上司や企業文化についての悩みを話してくれました。「一生懸命頑張っているのに、どうして全然評価してくれないんだろう」「何時間働いたって関係ない、ただ仕事を終わらせてくれればいいと思われている」、そんな言葉をよく耳にしました。一方で、「リーダー陣が私たちに思いやりを向けてくれているのがわかるから、このチームで働けて嬉しい」「上司が自分を認めてくれて本当に感謝している。自分のことを思いやってくれている、自分は重要な仕事をしている、そう感じさせてもらえるから」、そう話す従業員も多くいたことを覚えています。

２０１５年から、私は従業員の意見を代弁する仕事をしています。正確には、「従業員の声」に焦点を当てたコンサルティング業務です。つまり組織のリーダーが、従業員の求めるものをうまく引き出し、そこから得た事実を有効に生かせるよう手助けをしています。私たちの会社では、さまざまな企業に共通する課題をテーマに、従業員エンゲージメントや企業文化についての調査を徹底的に検証し、リーダーが自社の企業文化や従業員エンゲージメントを改善するために役立ててもらっています。また、カルチャー［企業文化］チーム、フォーカスグループ［あるテーマについて議論し、フィードバックを得るために集められたグループ］、従業員リソースグループ（ＥＲＧ）［人種、宗教、ジェンダー、性的指向など共通の特性を持つメンバーで構成される従業員のグループ］、アフィニティグループ［共通の目的のために構成されるグループ］を招集し、議論を促すこともあります。

企業内での悩みについて一生分とも思えるほど話を聞き、資料を読み、実際に経験した私は、「思いやりあるリーダーシップとは何か」を明確に定義づける必要性を感じました。そのような背景が、本書を書くインスピレーションとなったのです。

本書『ケアリング・リーダーシップ』の著者は私１人ですが、私のポッドキャスト「Leadership with Heart［心で導くリーダーシップ］」にて行った、あらゆるバックグラウンドを持つ世界中のリーダーへのインタビューで構成しています。加えて、調査や従業員から直接受け取ったフィードバックからも着想を得ています。本書では、思いやりのあるリーダーたちがより自分らしさを発揮するために何をしたのか、そしてどのように周囲の人々に影響を与えたのか、彼らの強み、試行錯誤、実践的なアドバイスを紹介します。また、1つ1つのインタビューから抽出したキーポイントと、それに関する私の見解、教訓、戦略についても述べています。私がポッドキャストでインタビューを行い、かつこの本で紹介したリーダーについては、巻末の「ゲスト一覧」にもう少し詳しい情報を記載していますので、そちらもぜひご覧ください。

各章の終わりには、「実践〝本当の〟思いやりあるリーダーシップの美学」という項目を設け、その章での実践的な学びや教訓を紹介しています。

そして本書の終わりには、みなさんが無料で使える「思いやりあるリーダーシップ」自己診断へのリンクを記載しています。この診断、および診断結果に基づくレポートは、人気の「ストレングスファインダー」診断〔米国ギャラップ社が開発した才能や強みを発見するための自己診断ツール〕に似たもので、みなさんが思いやりあるリーダーになるにあたって足りない部分を埋める設計図として活用いただけます。診断結果に基づいて自分を改善するには、コーチを雇って、持続的成長に向けたベストな方法を探すのもよいでしょう。また、足りない部分を埋める際、みなさんが自分の行動やその結果に責任を持てるよう、「思いやりあるリーダーシップ」のためのオンラインコミュニティも開設しています。そこでは私や私のチームメンバーが議論の司会進行および監督を務めており、「思いやりあるリーダーの卵」が集まって、互いにフィードバックやサポートを得られるようになっています。また、その他さまざまなリソースにもアクセスできるようになっています。

本書は、部下を持つ方、リーダーとしての自覚がある方、管理職やリーダーのコーチングおよびコンサルティングを担う方、管理職やリーダーを育てる立場にある方、そして周囲の人々にもっと思いやりを示す方法を学びたい方のための本です。本書を読めば、感情的知性［相手の感情を理解し、自分の感情をコントロールする能力］を高めることができるでしょう。そして、自分自身や周囲の人々に対する理解が深まり、相手を思いやることで、他者の人生を変えるほどのポジティブな力を発揮できることに気づくでしょう。

リーダーが他者を思いやるほど、リーダーに従う人々もその思いやりを感じるようになります。そして、忠誠心や深い感謝の念を持ち、リーダーのため、チームのため、組織のために、よりいっそうの活躍を見せてくれるのです。思いやりあるリーダーシップを追求するいちばんの理由はこれに尽きます。みなさん、本書をどうぞお楽しみください！

心をこめて

2020年8月31日

法務博士　ヘザー・R・ヤンガー

コロラドにて

はじめに　自分は「思いやりのある」リーダーですか

「あなたがどれほど気にかけてくれているか」を知るまで、誰も「あなたがどれだけのことを知っているか」など気にかけないものだ。

セオドア・ルーズベルト

「思いやりあるリーダーシップというのは、科学よりもアートに近い」。この本を書くにあたって行ったインタビューのなかで、何人ものリーダーがそう口にしました。なぜアートなのでしょう？　アートといえば、創造的で、決まった形がなく、自由で、一筆一筆のあいだに生まれる美しさ、そんなものを思い浮かべるのではないでしょうか。作品が完成したことはいつわかるのでしょう？　それは、その作品が私たちの五感に訴えかけ、心が躍ったときです。アートの要素は、「思いやりあるリーダーシップ」にもまさしく当てはまります。

「美は見る人の目のなかにある」ということわざのように、リーダーについてくる者こそが、リーダーに思いやりがあるかどうかを知っている、あるいは判断する存在です。本書は、思いやりあるリーダーシップを身につけるための画一的なアプローチを紹介するものではありません。実際、この本のために100件近くのインタビューを行いましたが、全員が同じ方法で思いやりを示したわけではありませんでした。モネやピカソがスタイルの異なる芸術家であるのと同様に、リーダーも1人1人違ったリーダーシップを持っているのです。

メリアム・ウェブスター英英辞典は、**思いやり**の意味を「他者を気遣い優しくすること、またそのような気持ちを抱くこと」と定義しています。(注1) では、**リーダーシップ**はどのように定義されるのでしょう? 私はよく、**上司をリーダーと同等の意味**で扱います。報告をくれる、あるいは指示を求めてくる人々は、私たちのことを上司とみなしているからです。役職に関係なく、**リーダーシップ**というのは行為を指す言葉であり、誰かの人生をよりよいものにする手助けをしようという意思、他者のために行動するという使命を必然的に伴うものだと私は考えています。

つまり、「思いやりあるリーダーシップ」とは、リーダーが導く相手に対し、日々の行動のなかで心遣いと優しさを示すことです。

思いやりあるリーダーシップとは何か、それを知ったのは幼少期のことでした。私は異人種・異宗教間で結婚した両親のもとに生まれました。母親は白人でユダヤ教、父親は黒人でキリスト教です。両方の祭日や伝統を祝いながら育ってきたため、複雑な人間関係のなかでもうまくやっていく能力が身につきました。ただ、公な家族の集まりにおいて、母方の祖父母からはあからさまな除け者扱いを受けました。この見た目のせいで、私は文字通り家族の黒い羊《やっかいもの》だったというわけです。自分は価値のない人間だ、取るに足らない人間だ、自分の声を聞いてくれる大人なんていない。そんな風に思うことも少なくありませんでした（これについては第9章でもう少し詳しくお話しします）。

私が9歳のとき、父がラスベガスにある大きなホテルの舞台係に就くこととなり、家族でオハイオからアメリカを横断してラスベガスへ引っ越しました。子ども時代の唯一の楽しみといえばハヌカ［ユダヤ暦キスレブ月の25日から8日間祝われるユダヤ教徒の祭事］で、オハイオに残っていた母方の叔母は、私とその文化をつなぎ止めておくため、プレゼントの入った大きな箱を送ってくれるようになりました。箱のなかには、ハヌカのあいだ毎日1つずつ開けるようにと、個々に包まれた8つのプレゼントが入っていました。毎年その大きな箱が届くたびに、期待に満ちたまなざしで見つめていたことを覚えています。その箱こそ、私と母方の家族とのつながり、自分の半身との関係を示すシンボルでした。

叔母は私がリーダーとして尊敬する人物であり、こうした唯一無二の方法で「除け者である自分も家族の一員なのだ」と感じさせてくれました。ただひたむきに、私は彼女が愛情を注ぐ価値のある人間だと、大切な家族の1人なのだと、そう示してくれたのです。その結果、叔母は私にとって特別な存在となりました。当時の叔母は知りもしなかったでしょうが、絶えず私に心遣いと優しさを示したその努力こそが、彼女を思いやりのあるリーダーにしたのです。叔母は、私の気持ちなど気にかけたこともないような親族のなかで、私にとっての希望の光でした。

これまでに出会った思いやりのあるリーダーは、他には数えるほどしかいませんが、母もまたその1人です。家族や友人の集いから疎外されながらも、父と結婚し、無条件に私を愛する、そんないばらの道を歩み続けることを選んでくれたのですから。

それから年月は経ち、大人になった私は3人のリーダーに出会いました。彼らは知らず知らずのうちに私の心に触れ、やはりこう感じさせてくれました。私は大切な存在であり、職場での私の努力は、彼らにとって、チームにとって、顧客にとって、そしてさらに多くの人々にとって、大きな価値と影響力を持つものだと。

この、ほんの一握りのリーダーたちの何でもない日々の行動が、除け者扱いを受けた悲痛な私の過去と結び付き、私なりのリーダーシップが生まれました。そして私はこの数年で活動を始めたのです。私の導く人々が、自分は価値のある重要な存在だと感じられるように。私が彼らの未来のために力を注いでいること、彼らが私に何をしてくれるかではなく、彼ら自身が大切なのだということを理解してもらえるように。

私の下で働いたチームメンバーは、私に深い信頼を寄せてくれました。自分が大切にされていることを理解し、チームの計画や目標を達成するため、期待以上の働きを見せてくれました。私たちは共に多くのことを成し遂げました。彼らはお客様を喜ばせ、期限を守ってくれました。私が上司でなくなったあとも、私たちのあいだには固い絆が結ばれていました。

一方、真似したいと思わなかったリーダーにも過去数年間で出会いました。彼らの言うことすること、あるいはしなかったことが、ネガティブな影響を及ぼしているのを目にしました。私の部下以外にも、私に助けを求め、なぜ上司があのような振る舞いをするのかと悩む従業員がいました。その苦しみは手に取るようにわかりました。彼らの痛みと戸惑いは、私が幼少期から若い頃にかけて抱いていた、「自分は価値のない人間だ、自分の声は誰にも聞いてもらえない、自分には何の影響力もない」という感情を即座に思い起こさせました。どうにかしたい、経験によって開花した才能を、あの頃の私と同じ気持ちを抱く人々のために使いたいと思いました。そして、あらゆる場におけるリーダーの気持ちと考えを改める助けにならなければと。こういった背景から、今の仕事をするに至るのです。

どのリーダーもみな、自分は思いやりのあるリーダーだと思っていますし、大半の方がそうでありたいと願っています。しかし、**常に思いやりを示し続けられる方はごく少数**です。本書は、本当の思いやりを明確な方法で示す設計図となり、みなさんの「思いやりを示したい」という気持ちを実現します。**曖昧に表現されることの多い概念や態度を取り扱いつつ、具体的な方法**をお伝えします。本書で紹介する教訓は、「思いやり」という言葉から一般的に想起される、月並みな優しい言葉や態度にとどまるものではありません。むしろ、思いやりのあるリーダーと思われたい、心あるリーダーとして知られたい、そう願ってやまないリーダーにとってのマスタープランとなるでしょう。

思いやりのあるリーダーになるということ

まずは自分が導く相手に対し、本当の**思いやりを持つ**ことから始まります。思いやりを持つとは、相手自身のためを思って、彼らを心にかけるということです。彼らがリーダーやチーム、組織のために何ができるかだけを考えるのではなく、彼ら自身が成功できるよう見守ることが必要です。利己的な考えは取り払い、彼らを人として成長させることに目を向けるのです。本当の意味で、彼らを「愛する」ことが大切です。

アリゾナ州スコッツデールの市政担当官補佐を務めるブレント・ストックウェル氏は、インタビューのなかで非常によいたとえを用いてくれました。「親が子どもに接するように、家族と同じように、リーダーも組織に愛情と思いやりを持ち、共に働く人々が成功をおさめられるよう手助けする必要があるのです」。

思いやりあるリーダーシップと矛盾する行動

「自分は思いやりのあるリーダーだ」と自負している方もいますが、その主張には根拠がなく、彼らが本物の思いやりあるリーダーであるとはいえません。そのような人々は導きや指示を求めて自分を頼ってくれる相手に対し、心遣いや優しさをほとんど示していないのです。口先でこそ対応するものの、その言葉通りに行動できておらず、本書で定義される思いやりを正しく実践できていないケースが大半です。そうすると彼らの下で働く人々は、打ちのめされた気持ちになり、何でもない存在として扱われていると感じ、自分の努力は組織にとって何の意味もないのだと思ってしまいます。

思いやりのあるリーダーとは、従業員が相談を持ちかけても応えない上司のことではありません。従業員の昇進をわざと妨げる上司のことでもありません。小さなタスクも隅から隅まで管理して、従業員自身が考え行動する隙を与えず、窮屈な思いをさせる上司のことでもありません。お気に入りの部下をひいきして、チームの誰かを除け者にするような上司のことでもありません。従業員が傷ついていることに気づいていながら、「そんなことはどうでもいい、とにかく仕事を終わらせてくれ！」というような上司のことでもありません。

思いやりのあるリーダーという表現は曖昧なものに感じられるでしょう。しかしどの従業員も、上司とみなす相手が自分を思いやってくれているかを直感的に理解しています。言葉よりも行動によって、またその行動でどんな気持ちになったかによって、上司に思いやりがあるかどうかを判断しているのです。

なぜ思いやりのあるリーダーを目指すのか

リーダーは決断を下すとき、自分の決断が収益や昇進、世間体にどんな影響を与えるかを考えます。投資対効果を考慮しながらプロジェクトやタスクに取り組むことは、重大なプレッシャーを伴うでしょう。しかし本書で紹介するリーダーはみな、自分が導く相手を思いやることで、他のあらゆる側面においても成功がもたらされることを理解しています。本書で紹介する原理に基づいて行動したとき、あるいはそれができなかったとき、部下がどのような反応をするかを知っているからです。

戦略的イニシアティブをとり、組織の目標を達成するために行動するのは、他ならぬ従業員です。コストを削減し、仕事により力を注ごうという意欲、あるいは顧客のニーズを満たし、チームのよい一員であろうとする熱意は、リーダーが自分に対する思いやりを持ってくれていると感じたときに飛躍的に増すのです。

思いやりのあるリーダーになるために

思いやりのあるリーダーになるための最初のステップは、リーダーとしてのあり方を変えたいと願うことです。きっかけや動機がない限り、自分を変えようとするリーダーはめったにいません。きっかけとして多いものは、業績評価や360度評価［上司、同僚、部下、他部署、顧客などからの多方面的な評価］、所属部署における従業員エンゲージメントの調査結果などがあります。その他、リストラなど人生における大きな変化があったとき、離職率が高いとき、大きなプロジェクトを完遂しなければならないとき、従業員のパフォーマンスを上げる必要があるときなども含まれるでしょう。

リーダーは次の3つのタイプに分類されます。1つめは、自分の短所を自覚しており、改善したいと思っているリーダー。2つめは、自分の短所を自覚しているが、改善の必要はないと思っているリーダー。3つめは、そもそも自分の短所を自覚していないリーダー。この3つのうち、自分自身を理解し、変わりたいと願っているリーダーこそ、思いやりのあるリーダーになる準備ができています。

「思いやりのある」という最終地点に完全に到達できるリーダーは1人もいません。それでも、リーダーが行動を変えれば、周囲はそのポジティブな影響を即座に感じ取ります。ですから、思いやりあるリーダーシップというのは、リーダーが自分の行動に絶えず新たな筆づかいを取り込み、自分が導く相手からよりポジティブな感情を引き出す、そういった一種のアートなのです。

端的にいえば、いわゆる**ソフトスキル**——誠実さ、コミュニケーション能力、共感力、同情心、礼儀正しさ、責任感、社会性、前向きな姿勢、プロフェッショナリズム、柔軟性、チームワーク、強い職業倫理などの能力や素質、態度を指してよく使われる用語ですが——の領域において卓越した思いやりのあるリーダーは、ビジネスを推し進めるための中核《ハードコア》となる結果を出すこともできます。本書で取り上げるリーダーは、これらのソフトスキルの多くを発揮している点で、私が厳選した方々、または「Leadership with Heart［心で導くリーダーシップ］」のリスナーがそのような特性を見出し、ぜひ紹介したいと私に引き合わせてくれた方々です。

私のポッドキャストでは、部下を持たない方は敢えてゲストとして招いていません。メンバーが1人であれ200人であれ、チームのリーダーとして活躍する方に焦点を当てたかったからです。そのため、インタビューの中身は彼らの仕事内容というよりも、「自分が導く相手の前で、どのように振る舞っているか」が中心となっています。

コミュニケーションや人との関わりにおいて、**感情的知性**を発揮しようと意識的に努めるリーダーは、その過程でよりいっそう思いやりを示しています。思いやりを示すことにより、チームメンバーや同僚との絆が強くなり、従業員エンゲージメントや忠誠心の向上につながるのです。ワシントン矯正局でエクイティ&インクルージョン［機会均等と多様性の受容］管理者を務めるカレン・ジョンソン氏は、インタビューでこう述べました。「もしあなたが職員の、あるいはあなたに託された人々の手助けをすれば、彼らはあなたの手助けもしてくれるのです」

思いやりを評価する方法

「評価可能なものは改善可能である」といいますが、私はこの言葉をもじって「**変化が必要な場には評価が必要である**」といいたいと思います。過去12年間、私は顧客と従業員双方からのフィードバックを評価してきました。私はデータ重視タイプの人間ではありませんが、従業員の感情を正確に測るためには、量的データと質的データ、どちらの山にも飛び込むことを厭いません。データを活用すれば事実を導き出すことができるからです。私の仕事では、そのように見つけた事実こそが、従業員エンゲージメントや従業員の定着度を高め、利益を上げる組織をつくるのです。

２０１５年から、私は2万件以上の従業員意識調査を検証し、１００件近いフォーカスグループやカルチャーチームで議論を促してきました。私のチームや私自身がこの仕事を続けているのは、組織が従業員の声をより効果的に活用できるよう手助けをすることで、分析する価値のある事実を得られるからです。この数年間、あらゆるトピックに関する従業員の感情分析を手伝ってきたなかで、さまざまな問題を目にしてきました。そこで得た知識が本書の基盤となり、私がインタビューしたリーダーたちの行動を集約するきっかけとなったのです。

本書の最後には、あなた自身の思いやり度合いを評価する最初のステップとして、オリジナルの「思いやりあるリーダーシップ　自己診断」を用意しています（本書の後半に上記タイトルのリンクも載せています）。また、その他のツールも紹介しています。自分が導く相手に自分の思いやりを知ってもらうことが大事であれば、その思いやりを表現し、深め、どれほど伝わっているかを測る価値があるでしょう。自分はすでに、思いやりのあるリーダーなのか、一緒に確かめてみましょう。より効果的な測定方法については、第10章で詳しくお伝えします。

本書の構成について

本書『ケアリング・リーダーシップ』は10の章から構成されています。うち9つ（第1章～第9章）は、みなさんのヒントになる、互いに関連した章となっています。「互いに関連した」というのは、思いやりあるリーダーの行動はどれも、単独でも部下との関係改善に役立つものの、それらすべてを独自の方法で組み合わせて発揮してこそ、本当の「美学《アート》」が生まれるからです。1つ1つの行動がどのような相乗効果を生むのか、この本で知っていただけるでしょう。

各章では、ポッドキャストで行ったインタビューの引用やゲストの体験を紹介しています。また、紹介したリーダーそれぞれについてもう少し詳しく記載した巻末付録もよい参考資料となるでしょう。

過去2年半にわたってポッドキャストで行ったインタビュー約100件のスクリプトに目を通した結果、最初の章では**セルフリーダーシップ**について取り上げることにしました。自分に対し思いやりを持てない、あるいは自分自身を導くことができない人は、他者に対しても思いやりあるリーダーシップを発揮することができません。そのため、まず第1章ではこのトピックを扱います。セルフリーダーシップに必要な要素は、芸術家の道具でいうところの筆、パレット、キャンバス、粘土にあたるもの、つまりアートを生み出すために最初に揃えなくてはならない道具なのです。

残りの9つの章は重要度順というよりは、私がインタビューしたリーダーのうち、その章で紹介される行動について話した方の多い順に並んでいます。各章は、思いやりあるリーダーシップの特性やその重要性を示すエビデンス、次に、思いやりのあるリーダーの行動と実体験の紹介、そして、思いやりあるリーダーシップを実践するための方法、最後に、実際に実践したハイライト紹介、という流れで構成しています。

繰り返しますが、思いやりあるリーダーシップとは、自分が導く相手に対し、日々の行動のなかで心遣いと優しさを示すことです。そのために本書で紹介する原理は、いつの時代も変わることはありません。思いやりのあるリーダーになるために必要な日々の行動を、みなさんにもより手軽に知ってもらえるよう、本書は次のような構成にしています。

第1章：セルフリーダーシップのスキルを身につける。思いやりのあるリーダーになるには、セルフリーダーシップが欠かせません。というのは、そもそも自分を思いやれない人は、自分が導く相手に対しても適切な思いやりを持てないからです。セルフリーダーシップには、人を導く目的や意義を理解すること、自分の思考や感情をコントロールすること、コーチやメンターを持つこと、あるいはシンプルに自分の心、体、精神をケアする時間を取ることなどが必要とされます。

第2章：部下に自分の価値を感じてもらう。多くの従業員は、リーダーが自分を見てくれていないと感じています。しかし思いやりのあるリーダーは、自分と働く人々と一対一で話す時間を設け、部下が能力を最大限発揮するために自分はどうすればよいのか、真摯に耳を傾けます。このようなリーダーを持った従業員は、自分が特別な存在であるかのような気持ちになり、リーダーとの深い絆を感じるようになります。自分の最高の状態を発揮できている、自分が力を注いだ仕事が評価されている、そう感じられるからです。

第3章：部下の強みを発掘する。思いやりのあるリーダーは、部下の才能や能力を認め、伸ばすことの大切さをよく理解しています。部下の素晴らしさが垣間見えたとき、それを無視するのではなく、掘り起こそうとします。さらにはその才能を生かす努力をします。適切な思いやりを示さずにただ結果を期待するのではなく、彼らと話す時間を持ち、「私にできることはないか」と尋ねます。

第4章：部下を巻き込む。リーダーは、自分の会社が直面している問題は自分1人で解決すべきだと考えがちです。しかし、その問題について部下や同僚と共有すれば、自分1人で乗り越えなくてもよいことに気づくでしょう。実際、何か問題に直面したときには、誰かと共に解決しようとすることでチームの結束が強まるのです。また、互いに頼り合い、共に成長を遂げることを学べます。何より、自分も1人の人間なのだと示すことで、よりいっそう周囲に慕われるリーダーになれます。

第5章：部下を丸ごと導く。多くのリーダーが、職場におけるパフォーマンスという狭いレンズを通してのみ従業員を見ており、彼らが1人の人間で、彼らにも仕事以外の生活があることに思い至りません。思いやりのあるリーダーは、部下との関係を最大限に生かすために、仕事以外の生活で起きていることも含め、部下の人生全体に目を向ける必要性を理解しています。たとえば、メンタルヘルス面の問題解決を手助けする、子どもとの接し方について共に頭をひねる、その他さまざまな個人的問題について手を差し伸べるというようなことです。思いやりのあるリーダーは、相手のことを考える際、決してその人に起きている問題を切り離すことはしません。むしろ、彼らの置かれている状況に寄り添ったうえで、より多くのことを成し遂げ、さらに成長できるよう手助けします。

第6章：傾聴の文化をつくる。思いやりのあるリーダーは、周囲の声を生かし、みんなにとってよりよい職場環境を生み出します。また、ただ耳を傾けるだけでは十分でないことも理解しています。自分の要望や意見が少しのあいだでも反映してもらえると知ったときにこそ、従業員は自分に自信を持つことができるのです。

第7章：安全な空間を提供する。数千件もの従業員エンゲージメント調査結果によると、従業員は自分の本当の意見や、主流に逆らうアイデア、不快感をおぼえることについて、何かしらの攻撃や報復を恐れ、安心して口にできないことがあるとわかりました。思いやりのあるリーダーは、従業員が心理的安全性を得られ、無意識の差別――マイクロアグレッション――を受けることなく話し合える、偏見のない場をつくります。

第8章：決定権を与える。上司の部下に対するもっとも弊害の大きい行動に、部下の一挙一動を事細かに管理すること――マイクロマネジメント――が挙げられます。そうすると彼らの下で働く人々は、自分自身で考え行動することが難しくなってしまいます。思いやりのあるリーダーはマイクロマネジメントを行わず、代わりに明確な目標と決定権を持たせ、失敗することになるとしても部下自身が正しいと思ったことをする余地を与えます。そのような失敗は、教訓や成長の機会と捉えているのです。思いやりのあるリーダーは、明確な導きを示し決定権を与えてこそ本当の成長や学びが得られること、部下もまた、自分自身で決断できる大人であることを理解しています。

第9章：レジリエンスを鍛える。障害や困難というものは、職場の内外で常に存在します。思いやりのあるリーダーは、部下がそこから立ち上がる力——レジリエンス——を鍛えることに注力します。彼らが避けることのできない逆境に立ち向かい、打ち勝ち、より強くなれるよう手を差し伸べるのです。そのためには、部下が現状を見つめ直し、身の回りで起きている問題から学び、困難や障害をキャリアにおける成長の機会として捉えられるよう手助けすることが必要となります。

第10章：思いやりあるリーダーシップの投資対効果。ソフト面を重視する思いやりのあるリーダーが、本当に売上、顧客満足度、生産性の向上といったハード面の成果を出せるのかは、しばしば賛否が分かれるところです。この章ではそれらのビジネス指標と、いわゆるソフトスキルの直接的な相関関係を解説します。

大半の人が、起きている時間のほとんどは仕事をして過ごします。みなさんが職場の廊下を歩き回りながら、あるいはオンライン上でやりとりしながら経験することは、自分という存在の捉え方や家族との接し方、損得勘定なしに行動できるか、休暇が取れるか、またはいつ取るか、健康的でいきいきとした生活を送れるか、といったさまざまな面にも多大な影響を与えています。

本書で紹介する、思いやりあるリーダーの9つの行動が、世界中のリーダーの考え方と行動を変え、あらゆる場におけるチームや組織のモチベーションを高める手助けになりますように！　さあ、あなたも仲間に入りませんか。

第1章

セルフリーダーシップのスキルを身につける

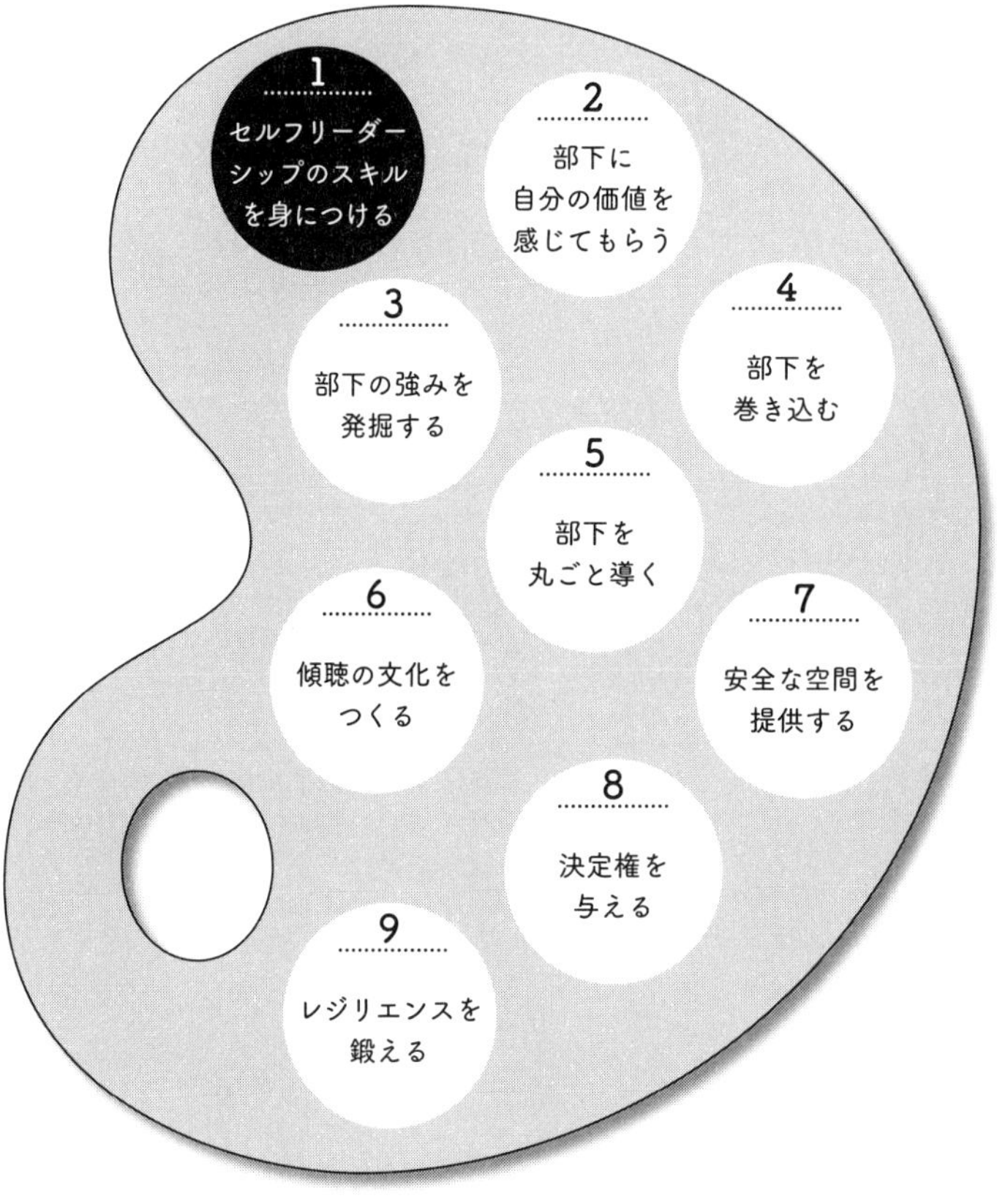

「思いやりあるリーダーシップ」フレームワーク

> あなたが持つ最強のリーダーシップツールは、あなた自身の経験だ。
>
> ジョン・ウッデン

思いやりのあるリーダーになるには、セルフリーダーシップが極めて重要です。というのは、まず自分自身を導くことができなければ、部下を適切に思いやることはできないからです。自分が何をしようとしているのか、なぜ人を導くべきなのかを理解する。自分をよく知ったうえで、周囲を理解し、彼らに合わせた行動をとる。自分の心のあり方をコントロールする。影響を与える存在としての役割を認識する。自分のスキルを絶えず磨き続ける。コーチやメンターを持つ。あるいはシンプルに、自分の心、体、精神をいたわる時間を取る。セルフリーダーシップには、これらのことが欠かせません。

「なぜ」導くのかを理解する

この「なぜ」を理解するというコンセプトは、サイモン・シネック氏が２００９年に出版した『ＷＨＹから始めよ！：インスパイア型リーダーはここが違う』(注1)という本をきっかけによく知られるようになりました。彼のいう〝ＷＨＹ《なぜ》〟とは何でしょうか。本のなかではこう述べられています。「ここでの〝なぜ〟とは、『お金を稼ぎたいから』といったことではありません。利益は結果としてもたらされるものです。私のいう〝なぜ〟とは、何があなたの目的、動機、信念なのかということです。〝なぜ〟あなたの会社があるのでしょう？　〝なぜ〟毎朝起きるのでしょう？　〝なぜ〟それが誰かにとって大事なのでしょう？」

私はポッドキャストでインタビューを行う際、それぞれのリーダーにとって、人を導く原動力は何かを尋ねます。この質問で、彼らが「なぜ」人を導くのかを尋ねているのです。どの答えも、彼らがインタビューで語るその他すべての基盤になっていることがよくわかります。ただ、人を導く原動力を理解していれば完璧なリーダーになれるというわけではありません。この点については、ラボ・アグリファイナンスで副社長兼タレントマネジメント長を務めるローダ・バンクス氏が非常に的確に述べてくれました。「私は人生の目的を見つけることを心から楽しんでいますし、その目的のために精一杯生きています。もしあなたの目的がリーダーシップを通じて誰かにポジティブな影響を与えることであれば、それを可能にするためのよい方法を考えましょう。そしてその方法を実践するためには、あなたの決断や行動はすべて、目的に沿ったものにする必要があります」

また、コーエン・アーキテクチュラル・ウッドワーキングの創業者兼社長であるフィル・コーエン氏は、インタビューのなかでこのようにまとめてくれました。「会社に勤めるにあたって、覚えておくべき大切なことはただ1つ——なぜオーナーがその会社を運営しているのかということです。あるいは会社に限らず、どこに所属するにしても、相手がなぜその組織でリーダーをしているのか、なぜ組織運営に携わっているのかを理解しておかなくてはなりません。その組織で働くとはどういうことか、そのすべてを語ってくれるのは心あるリーダーの言葉です」。あなたが経営者である場合でも、あるいは規模の大小にかかわらずチームや組織のリーダーである場合でも、これと同じことがいえます。リーダーの心と、その心を自分が導く相手にどう表現しているかを見れば、本当に思いやりのあるリーダーなのかどうかがわかるのです。

人を導く原動力について、ポッドキャストでインタビューしたリーダーの回答をいくつか紹介しましょう。どの答えからも、思いやりあるリーダーの心や考え方についての知見を得ることができます。

私はある目的のためにこの場を与えられているというインスピレーションを感じるのです。神様が私に与えた、この世界のために成し遂げるべき何かがある。そういった強い意識があり、私にはそれを全うする責任があります。その1つに、人々が「最高の自分」になれるよう手助けすることが含まれています。ほとんどの人が職場でかなり多くの時間を過ごしているでしょう。であれば、そこで自分の最高の状態を発揮できればいいと思いませんか？

――メットライフ　上級副社長兼最高人事責任者　ジュディス・シモーネ

私は従業員指向型のリーダーでありたいと思っています。彼らに愛情を注ぎ、彼らに尽くすとはどういうことか、その意味を深く掘り下げていくと、それは日々の仕事のなかで……私の下で働いてくれる人々が成功するために、自分がどう役に立てるのかを知ることだと気づきました。どうすれば彼らを成功に導けるのか、どのように彼らの成長を手助けするのか、……その成長過程でどうやって彼らの軌道修正を行うのか、その具体的な方法を見つけることが大切です。

――トレント・コンサルティング　創業者兼CEO　ダニエル・マッカラム

私にとっての人を導く原動力は、大学1年生の頃に端を発しています。入学してすぐ、私は軍隊の教えを叩き込まれ、これから待ち受けている軍務の重責を知ることとなりました。大学を卒業してから私が導くことになる男性や女性は、誰かの息子や娘、つまり両親が国に捧げるもっとも大切な贈り物であると深く理解したのです。それはこの上ないほど重く、大きな責任でした。

――コロラド州ジェファーソン郡 郡長 ドン・デイヴィス

私にとっての〝なぜ〟は、自分の子ども時代を振り返って、私の両親と同じように盲目の子どもを持った親たちと話をしたかったから、ということだと思います。盲目の子どもが生まれるまで、盲目の人に会ったことのなかった方々です。彼らはこの先どうすればよいのかもわからず、不安を抱えています。先が見えないのです。私はずっと、そのような親たちに声をかけてきました。彼らは尋ねます。「この子の将来はどうなりますか」と。私はこう答えます。「正直、現時点では、この先の道が険しくないとはいえません。常に適切な選択肢を選ぶ必要があります。住んでいる地域にお子さまに適した学校があり、その学校にはお子さまに必要なリソースも揃っている、そんな幸運さも持ち合わせていなければなりません。お子さまの送りたい人生を送らせてあげられるように、いつも自分の思う以上のことをしなければなりません。リソースや支援体制のある家庭に生まれるかどうかは一か八かです。でも、あなたはそんな家庭をつくることができますね。できないというのであれば、この先の道はみなさんにとって、とてもとても険しいものとなります」。私は盲目の子どもを持つ親と向き合って話し、こう伝えたいのです。「あなたのお子さまは、これからの人生で、自分がしたいと思うことを何だって叶えられます。私たちがその方法を教えます。リソースもここにあります。道はここにひらけています。実例をお見せしましょう」と。

——米国盲人協会 会長兼CEO カーク・アダムス

私はとても恵まれた人生を送ってきました。ですから、日々私を駆り立てる原動力は、両親に誇らしく思ってもらいたい、ただその気持ちだけです。彼らが私のために払った犠牲、私を信じてくれたこと、それらが今、実を結んでいると示したいのです。現在自分の暮らす州やコミュニティのために貢献しているのは、私にとっての恩返しです。

——コロラド州規制当局 局長 パティ・サラザール

インタビューした多くのリーダーが、自分が抱えていた困難や、家庭の内外で素晴らしいリーダーに出会ったこと、この世界で善を成すという神様の思し召しなど、人を導くさまざまな原動力を持っていました。しかし理由にかかわらず、彼らはみな「なぜ」人を導くのかを明確に理解しており、それが彼らのリーダーシップという旅路を支えていたのです。

私にとっての「なぜ」は子ども時代の経験に端を発し（第9章で詳しく述べます）、職場でのある経験をきっかけに決定的なものとなりました。そのきっかけによって、私はリーダーとして、人々がもっと思いやりを持てるよう手助けしなければならないと思うようになったのです。多くの人が職場で経験したことがあるように、当時の私もまた、どんどんと仕事に対する熱が冷め、腹の立つことが増え、希望を失いつつありました。私の勤めていた会社は、複数企業との合併による過渡期にありました。私は周囲のモチベーションを高めようと頑張りましたが、会社に対する不信感は蔓延する一方で、非常に苦しい思いをしました。合併を取り仕切っていたリーダーたちは、会社の現状を従業員にきちんと共有していませんでした。既存社員は職を失うことを恐れていましたし、新しく入社してきた従業員には既存社員とほぼ同じ役職が与えられました。私の仕事も他の従業員に引き渡され、私は別の役職に就くこととなったのですが、何とそのことは、自分で社内イントラネットを読むまで誰からも知らされていなかったのです！

私の所属していたチームの従業員から、そして組織全体の多くの部署から、会社に対する不満の声が報告され始めました。誰かが状況を変えるために行動する必要がありました。そこで私はデンバー支社の人事部長のもとを訪れ、こう伝えました。「従業員エンゲージメントについて、この社内全体の不信感について、どうにかしなければなりません！」すると彼女は、「あなたの言う通りね！　その仕事を任せてもいいかしら。あなたこそ一番の適任者だと思うの」と答えたのです。当時、従業員エンゲージメントとはまったく関係のないカスタマーエクスペリエンス業務を担当していた私は、この返答に衝撃を受けました。しかしよく考えてみれば、彼女の言葉にも一理ある、そう思ったのです。彼女と話す前まで、私は絶望の沼に沈んでいくような気持ちを感じ始めていました。けれども彼女の発言によって、私は自分がすでに社内文化を支える存在となり始めていたことに気づきました。これを機に、自分の求める変化は自分で起こそうと決めたのです。

そこで私は従業員エンゲージメント委員会を立ち上げ、合併に関わっていた会社の多くから、委員会メンバーとなる従業員を招集しました。従業員同士がつながりを持ち、信頼を築くための機会をつくったのです。その結果はすぐに表れました。お互いをより深く知り、共通点や違いを見つけるための場を設けたことで、従業員同士のあいだには信頼関係が育っていきました。それはとても美しい光景でした。ただ、合併自体は結局うまくいかず、数百人の従業員が解雇されることとなりました。私もその1人です。それをきっかけに、私は今の道を歩み始めました。

子ども時代の経験に加え、その解雇からも気づいたのです。自分自身で声を上げることができない人々のために、意思決定の権限がない人々のために、私が彼らの声とならなければと。さらなる啓蒙のため、その橋渡しをしなければと。これが私にとっての「なぜ」であり、私が絶えず周囲に深い心遣いと優しさを示したいと考える原動力となっています。

一貫性を持つ

思いやりのある心で人を導くには、人前であれ人の目に触れない場所であれ、「自分のなりたいリーダー像」と「実際の自分」に一貫性を持つ必要があります。リーダーはみな、自分が導く相手に対しどう振る舞っているか、そしてどう振る舞いたいか、その2つをより近づけ一致させるために常に戦っています。

スターバックスの前社長であり、「Leadership with Heart［心で導くリーダーシップ］」ポッドキャストコミュニティの一員としても愛されているハワード・ビーハー氏は、この戦いがどのようなものであるか、がん患者に携わるソーシャルワーカーである40年来の妻とのやりとりを引き合いに出してくれました。ハワードは著者としてもリーダーとしてもよく知られています。同じく文才のある妻にも本を出すようたびたび説得していましたが、妻自身にはその願望はありませんでした。ハワードにはピンと来ていたことが、妻の心にはあまり響かなかったのです。妻が本を出すことは、どちらかといえば彼の夢、ハワードを突き動かすものであり、妻を突き動かすものではありませんでした。ある日、夕食の席でハワードがまた本の話を出したことで、2人は喧嘩をしてしまいました。ソファで一晩過ごした彼は、翌朝早く起きて妻に謝りました。自分のことばかり考えて、君の望みをないがしろにしていた、と。

当時を振り返り、ハワードはこう述べました。「私が自分に対し掲げている理念は、『日々、人としての道徳的精神を育て、インスパイアする存在でありたい。まずは自分のために、次に人のために』というものです。『まずは自分』とは、もし自分で自分のことを認められなければ、他の誰の手助けもできないと、これまでの長い人生で学んできたからです」。この出来事を通じてハワードは、本の執筆を妻に強要することは、妻の人としての道徳的精神を育てることにもインスパイアすることにもつながっていないと感じました。それはつまり、自分の理念に従えていないということだと感じたのです。自分の過ちを認め、進んで軌道修正を行うことは、思いやりあるリーダーの重要な要素です。

ハワードの内省は、生活のあらゆる面で一貫性を持つことの難しさを思い出させてくれました。私は4児の母であり、感情的知性や社会的知性、コミュニケーション方法に関する資格も有しています。常に自分を客観視できている人間であれば、一貫性についても完璧なのだろう、そう思われるかもしれません。しかし実はそうとも限らないのです。SNSやメールで思いやりのあるコミュニケーションについて書いた直後に、我が子のほうを振り返り、相談にのってあげるべきところを叱りつけてしまうこともあります。思いやりのあるコミュニケーターだと自分では思っていても、常にふさわしい振る舞いができているわけではありません。他の多くのリーダーと同じように、私も一貫性との戦いにもがいています。しかし、自分が導く相手にきちんと思いやりを示したいのであれば、この戦いは戦うだけの価値があります。

つまるところ、これらの話はトレント・コンサルティングの創業者兼CEOであるダニエル・マッカラム氏がインタビューで語った内容に帰結します。「リーダーの育成、従業員指向、成長や自己改善といったことについて話そうとするのであれば、まずはCEOである私自身が、もっとも速く成長し、もっとも人を導く存在――社内の誰よりも役に立てる存在でなければならないと気づいたのです。私自身ができないこと、私自身が手本となれないようなことは、他の誰にもできないのです」

ハワードとダニエルの話からもわかるように、一貫性を持つためには、よりいっそう自分を客観視すること、そして自分の理念に沿って行動したいと心から願うことも必要です。また、意識的に行動することも大切です。私自身、1日の終わりにその日の出来事を振り返り、今日は自分の意図した通りに振る舞うことができたか、自分の価値観に基づいて行動できたかを考えることで、より一貫性を保つことができています。

意識的に行動する

リーダーとして1つ理解しておくべきことは、私たちは常に見られているということです。人はいつも、私たちの行動や発言、あるいは言い損ねたことに注意を払っています。そこから逃れる方法はありません。リーダーは人前でどんな行動をとるか、どんな発言をするかを意識する必要がありますが、これらは意図的にコントロールすることもできます。チームメンバーと会議や相談をする際、感情面で「セルフマネジメントする」と言い換えてもよいかもしれません。プラス思考で前向きなマインドセットを保つ、あるいは単に計画を立て、感情に流されずその計画をやり通すといったことです。

この本に書かれていることは、どれも自然に起こるものではありません。目的を持ち、自分という人間を理解し、周囲が思う自分とのギャップに気づき、そのギャップを埋めていく必要があります。思いやりのあるリーダーになりたいという願望は、自己革命のプロセスです。失敗して苦しい思いをしても、それがわくわくするような学びの機会となるでしょう。よりよい自分に生まれ変わろうと意識的に行動してはじめて、思いやりあるリーダーシップという旅路を歩めるのです。自分の目的を明確にしてから歩み始めなければ、その後の旅路はコントロールの効かない、悲惨なものになってしまいます。

デジタル戦略企業サブステンシャルのCEOであるキャリー・ジェンキンス氏は、自身のマインドセットや自分が導く相手との会話において、意識的な行動にどうフォーカスしているかを話してくれました。「人々をどうサポートし導くのか、この会社で何を成し遂げようとしているのか、彼らがどう貢献できるのかについては、かなり明確な意図を持って話すようにしています」。キャリーにとって意識的に行動するとは、自分が何を求めているか、その使命のために周囲がどう才能を生かして貢献できるかを明確にすることとほぼ同義です。彼女は周囲の想像に任せることはせず、自分の思いを率直に伝えています。

サービス・エクスプレスのCEOであるロン・アルベステファ氏は、まだ現在のように思いやりのあるリーダーではなかった頃を振り返り、自分を変えるために意識的に取った行動について話してくれました。


まずはチームとの関係構築を一番に考え、「この仕事をしてこい」ではなく、「調子はどう？　何に困っているの？　僕にできることはある？」と声を掛けるところから始めました。彼らの問題を解決しよう、彼らのために働こうと思ったのです。ミーティングの前には自分の目的をしっかり意識し、まず自分の目の前にいる人を導くことができているかを確かめるようにしました。売上はあとからついてくるものです。目的意識がしっかりしていなければ、ゴールを見失ったまま、売上や業績の話をするようになってしまいます。売上や業績を上げるのはリーダーではなく従業員なのです。この順番を間違えてしまうとうまくいきません。優れた企業文化を持つことと従業員に目を向けることが、業績につながるのです。

ロンとのインタビューは今でもよく覚えています。自分の考えを意識的に改めることや、従業員の扱い方について、彼は明確な考えを持っていました。たとえるならば、彼は自分の手に筆が握られており、自分が導く相手に対してどう思いやりを示すかは、その筆づかい次第であると悟ったかのようでした。

ファーストバンクの人事本部長であるクリスティーン・ジョンソン氏は、大変革に向けた会議でプレゼンテーションを担当したときのことを振り返りました。彼女は周囲からの反発を受けたとき、自分のエゴを止めることができず、強い不安や苛立ちを感じ、ひどく感情的になったそうです。超えてはいけないラインを超えそうになっていたら教えてほしいと、同僚に頼みさえしました。しかし結局は、同僚の合図も無視してしまったのです。会議後に、もっと感情をコントロールすべきだったと気づいたクリスティーンは、何とか状況を正そうと決めました。自分の考えを整理し、会議に参加していたメンバー1人1人に会って謝罪したのです。そのときについて、彼女はこう述べました。「彼らとの会話が決定的なきっかけとなって、……今は少しでも苛立ち始めていると気づいたら、そこで一旦立ち止まろうとするようになりました。強い熱意があるからこそ、そこで立ち止まる必要があるのです」

チームや組織のあり方を決めるのはリーダーである、これに尽きます。その真実に気づけなければ、周囲のモチベーションを高めることはできません。

意識的に行動することの重要性にさらに一枚上乗せしてくれたのは、パシフィックノースウエスト国立研究所で運用システム・テクノロジー長を務めるキース・フライア氏です。彼は映画『タイタンズを忘れない』［白人黒人混合高校のフットボールチームを舞台に、人種の異なる選手たちがいがみ合いながらも、黒人ヘッドコーチの指導の下で絆を深めていく話］を思い返しながらこう述べてくれました。「結局、どんなリーダーシップをとっているかは、彼らに従う者の態度に表れるということです。リーダーはポジティブな雰囲気をつくらなければなりません。組織はリーダーのつくった空気に従うのですから。もしあなたが不機嫌そうに壁を蹴りでもすれば、他のメンバーはどうすると思いますか？　あなたと同じことをします。私はいつもそのことに気をつけてきました。……何に苦しんでいたとしても、それを仕事には一切持ち込まないことです」

キースのいう通りです！　私が『タイタンズを忘れない』を好きなのも、同じ理由でした。デンゼル・ワシントン演じる主人公は、1960年代の険しい人種間の隔たりを押しのけ、チームの結束を強めて導こうと決心し、強い意識と確信を持って行動しています。意識的に行動するには、目的を定める必要があるのです。

ワシントンの演じるキャラクターからも明らかなように、意識的に行動するためには、メンバーと話す前にしっかりと自分の心を定めておきます。対立や反対意見が想定される場合には特にそうです。ファーストバンク人材開発部上席部長のメーガン・バートランド氏は、このコンセプトを力強く伝えてくれました。「他人の反応や言葉は変えることができません。他者を変えることはできません。でも、自分が彼らや状況に対してどう反応するか、自分自身を変えることはできるのです」

メーガンはその信念を抱く前まで、仕事上での人間関係、特に自分と異なる性格や考え方を持つ相手との関係に悩んでいたと話しました。彼らを変えたいとも思っていたそうです。しかし彼女はすぐに、彼らに対する反応やマインドセットを変えなければならないのは自分のほうだと気づきました。鏡に自分の姿を映し、目的意識を持って自分を変える必要があると気づいたのです。

私はかなり若い頃から、物事を考えるときも周囲に共感を示すときも、意識的に行動するよう努めてきました。その方法として、自分の使命とビジョンに的を絞り、前だけを見つめるようにしています。使命があることで焦点を合わせ続けることができるのです。そしてその使命に沿った行動を積み重ねて前進し、後ろを振り返る時間や悩んで立ち止まる時間をほとんど取らないよう心がけています。

「はじめに」でも述べたように、思いやりのあるリーダーになりたいのであれば、まずは自分を変える必要性を認識し、それに伴う行動を進んで取らなくてはなりません。世界中のたくさんのリーダーが自分は思いやりのあるリーダーだと思っていますが、本当にそのような振る舞いができているかどうかを測るのは、そのリーダーの下で働く人々です。意識的に行動することは価値があります。意識的な行動こそ、思いやりあるリーダーになるための唯一の方法なのです。私が行ったインタビューのなかでも、目的意識や自己反省なしに素晴らしいリーダーシップを発揮できたと語るリーダーは1人もいません。

サポート体制を持つ

自分1人で成功できるリーダーはいません。仲のよい同僚や友人、メンターやコーチといった、自分に適したサポート体制を持つ必要があります。常にとはいわずとも、少しも助言を求めることなく人を導こうとするリーダーは、思いやりのあるリーダーにはなれません。

後知恵は思うほど頼りにならないからです。周囲の助けを借りれば、より正確に先を見通すことができ、ぶつかる可能性のある障害を避ける戦略を立てられます。

シー・スペースの最高人事・執行責任者であるフィル・バージェス氏は、サポート体制を持つ重要性を理解していました。フィルは「リーダーとして弱みを見せられる安全な場所」が必要なとき、同じ状況にある他のリーダーを頼り、うまくいっていないことについて洗いざらい話すそうです。自ら仲間を頼り、助言を求めるのです。

自分の意図した方向に進めるよう、信頼できる相手から真摯なフィードバックをもらう方法は、アイオワ州ダビュークの市政担当官補佐を務めるコリー・バーバック氏が自分の経験を語ってくれました。彼女は「今こんなことで行き詰まっている」と相談できる、国内各地の同僚を頼っているといいます。すると彼らは「コリー、自分にこういう癖があるのは覚えてる？　だからそんな風に考えてしまうんだよ。代わりにこんな角度から考えてみるのはどう？」と言ってくれるそうです。

さきほど「意識的に行動する」の項目で紹介したキース・フライア氏は、このコンセプトをさらに発展させて、「自分専用理事会」というアイデアを語ってくれました。彼は相談相手を2人以上持つことが有力だといいます。実際のところ、すべてのリーダーがすべての分野で輝けるわけではなく、彼らにも得手不得手があります。キースはたくさんのメンターを持ち、それぞれが持つ異なる強みを見習うことで、自分の能力をより発揮できると発見したのです。

このアイデアは素晴らしいと思いました。みんな忙しいなかで、自分もメンターも頻繁に会議や面談があれば、相談する時間を取るのも大変です。しかし自分と親しい相手であれば、四半期に一度、1時間くらいは喜んで割いてくれるでしょう！　フィル、コリー、キースにとっては、明確な目的意識を保ち続けるにあたって、コーチを雇うよりももう少しカジュアルなサポート体制が合っていたのです。

もちろん、「Leadership with Heart［心で導くリーダーシップ］」に出演したゲストのなかには、自分のリーダーシップやコミュニケーション、組織マネジメント、その他もろもろの問題を解決するために、コーチを雇う選択をしたリーダーもいました。経営幹部陣向けにコーチングを行っている私自身、多数の従業員に影響力を持つリーダーを相手に正式な相談役を務めることは、お金に換えられない価値があると感じています。私はコーチとして、複雑な問題についても客観的で信頼できる観点を示すことができます。

ボランティアアズ・オブ・アメリカのコロラド支部最高財務責任者であるマイク・プリッチャード氏は、相談できるコーチを雇うことを強く推奨しています。「自分1人では大変だと思うんです。パーソナルコーチングの利点は、自分の立ち位置をしっかりと定めるのに本当に役立ちます。さらには、よりよいリーダーになるために必要なことを見つける手助けもしてくれるかもしれません」

実際、イノベスト・ポートフォリオ・ソリューションズの社長兼CEOであるリッチ・トッド氏も、そのような経験をしていました。リッチはもともとかなり我が強く、会社の存続ばかりを気にしていましたが、今では企業文化と従業員をもっとも大事に考えるようになりました。リッチと彼のビジネスパートナーたちはCEO向けのコーチを雇うことを決め、会社のフォーカスを創業者である彼ではなく、もっと従業員の能力開発に向けるようアドバイスを受けました。そして徐々に、従業員を業務に巻き込み始め、また彼らの貢献を称賛し始めました。今では社会的責任の遂行や、地域、リーダーシップ開発、専門職開発のための企業規模でのボランティア活動に多額の資金投資を行っています。

その長期にわたるコーチングについて、リッチはこう振り返りました。「会社の方向性を変えたことで、私は以前よりもずっといい人間になれましたし、私自身がそのような変化を経験したことで、会社も大いに成長を遂げてきました。これはほとんど私自身の力ではなく、この会社にいるみんなのおかげです。この経験から、人生における大事な教訓を学べました」

私自身は正式にメンターを雇ったことはありませんが、物事を違う角度で見る必要があるときは、コーチや親しい友人、家族を頼ってきました。普段の私は使命によって動く自立的な人間ですが、そんな私でも、自分をよく理解してくれる、自分よりも冷静な判断のできる同僚に、必死になって電話をかけたこともあります。

これもまた、私が「なぜ」対人スキルや人間関係の悩みを抱えたリーダーのためのエグゼクティブコーチを行うかの理由の1つです。リーダーたちの相談役として、彼らが自分の苦悩を安心して打ち明けられる存在でありたいのです。フィル、コリー、マイク、リッチのように、正式に雇うにしてもそうでないにしても、自分のリーダーシップについて相談できるサポート体制を整えたリーダーは、部下たちの心にも思いやりあるリーダーシップの足跡を残せるようになります。加えて、セルフケアの実践も非常に重要な要素です。

セルフケアを実践する

セルフケアの重要性はいたるところで語られています。4児の母である私自身、セルフケアなしでは親としてやっていくことも、ましてや成功することもできなかったでしょう。さらにいえば、リーダーとして長年チームを導いてきたなかで、セルフケアが不足しているときには、チームを導く能力も十分に発揮できなかったことを覚えています。

ここでのセルフケアとは、ひとことで言えば「自分自身の面倒を見る」ことです。周囲に対する思いやりは、自分にも同じような優しさを向けることができてはじめて十分に発揮されるのです。

セルフケアについては、メンフィス市の最高人事責任者兼最高改変責任者であるアレックス・スミス氏が非常にわかりやすくたとえてくれました。「まずは自分が酸素マスクをつけなければ、他のみんなにつけてあげることはできません。セルフケアは本当に大事です。自分の調子が悪かったり、人を助けるベストな状態になかったりすると、結局誰も助けられなかった、なんてことになりますから」

より思いやりのあるリーダーになることを目指すのは簡単ではありません。思いやりや導きを求めて私たちを頼ってくれる人々にもっと目を向けたくても、自分自身の面倒もしっかりみないといけないからです。ここで重要なのは、ファーストバンクのクリスティーン・ジヨンソン氏がいう「自分自身に対する寛大さを持つ」ことです。彼女は、「私たちは1人の人間として、特にリーダーシップに携わっている場合、高い目標を達成し、高いパフォーマンスを発揮し、前進し続けようとするがゆえに、いつなんどきも完璧でいたい、完璧であると思われたい傾向にあり、周囲に対してばかり寛大に接している」といいます。クリスティーンは、リーダーを頼ってくる相手にとって、「リーダーが自分自身を思いやることもまた彼らの手本となる」と加えました。つまり、セルフケアの姿勢を示すことで、彼らも同じように自身をいたわってよいのだと伝えることになるのです。

セルフケアの例としては、毎朝のルーティンのなかに頭を整理できる運動を組み込むこと、繰り返し起こる問題に目を向け、メンタルヘルスの専門家と定期的に相談すること、祈りや瞑想の時間を取ること、ヨガのグループレッスンを受けること、さらには今後の人生についてファイナンシャルアドバイザーと話し合うことなどが挙げられます。その日1日をベストな自分で頑張るために、自分を満たしてくれるものや元気にしてくれるものが何であるか、みなそれぞれに知っているはずです。私自身は毎朝、大抵4人の子どもが起きてくる前に、何かしらの運動をするようにしています。私にとってはそれが心落ち着く静かな憩いのひとときです。

さきほどのクリスティーンの話にもあるように、セルフケアというのは「不完全な自分でいる自由を与える」ことです。つまり、自分自身に対する思いやり——セルフ・コンパッション——を持つということです。セルフ・コンパッションという概念は、テキサス大学オースティン校教育心理学部人間発達文化学科の准教授であるクリスティーン・ネフ氏によって提唱されました。彼女はこう述べています。「困難な状況にあるとき、失敗したとき、自分の嫌なところが目についたとき、自分自身に対しても他人に対してと同じように行動することが必要です。『唇を噛み締める』メンタリティで痛みをやり過ごそうとするのではなく、立ち止まって自分に『これはかなり辛い状況だ。今の自分を癒し、いたわってあげるには、どうすればいい？』といってあげることが大切です(注2)」

セルフ・コンパッションによって、失敗しても人としての価値が決まるわけではないと、心を落ち着けることができます。ちょっとしたミスに心を支配されないようになります。自分に思いやりを持ち、周囲に対しても十分な思いやりを持てるようになります。言うは易く行うは難しですが、周囲のサポートを得て、自分の心、体、精神、魂を思いやることに目を向ければ、実現不可能なことではありません。

芸術家が多くの道具を用いて美しい作品を生み出すのと同じように、リーダーもまた、自分自身のあらゆる側面に目を向けることで、独自のリーダーシップを発揮することができるようになります。セルフケアはリーダーが活用できる最強の道具の1つで、これを使えば、自分が導く相手にもよい経験をもたらすことができます。さらにセルフケアは、リーダーが周囲の人々に与えられる最高のギフトでもあります。これに加えてフォーカスすべき重要なことは、ありのままの自分でいることです。

ありのままの自分でいる

「もっとも大切なことの1つは、自分自身を知ることです。人はリーダーが自分本来の姿をさらけ出しているかを見ていますし、見た瞬間に判断することができます。そして、ありのままの姿で接してくれている相手の後押しをするのです」

これは、ファーストバンクの社長兼CEOであるジム・ロイター氏のインタビューからの引用です。思いやりのあるリーダーになりたければ、ありのままの自分でいる必要があるのです。

思いやりあるリーダーという観点でいえば、ありのままの自分でいるというのは、相手やグループによって態度や接し方を変えないということです。何があっても自分は自分です。自分本来の姿と相反する振る舞いをしてはなりません。本当の自分を恥ずかしがらずにさらけ出しましょう。そのように本当の自分の姿を見せることで、周囲はリーダーをより慕うようになります。

ありのままの自分でいるためには、自分自身をよく理解していなければなりません。でないと行動にぶれが生じる可能性があります。自分自身をよく理解するというのは、自分の不安や怒りのトリガーとなるもの、自分を笑顔にしてくれるもの、自分を動かすものや積極的にしてくれるものなどを認識するということです。

私は日々、ありのままの自分を見せるよう意識していて、それをうまく実践できている自覚もあります。というのは、周囲が思う私の姿が、私本来の姿と一致しているからです。ありのままの自分を見せることをためらうリーダーは、自分のことをちゃんと理解していないか、もしくは周囲にどう思われるかを気にしています。私もまたこれまでの人生で、ありのままの自分は不十分だ、価値がない、そう感じ続けていたときがありました。

私が本当の意味で「私」になれたのは、30代前半のことだったと思います。その頃、私は家族の期待に応えようとして、自分ではない誰かになろうとしていたことに気づきました。その期待を手放して以来、自分本来の姿を自由に表現できるようになったのです。それにより、私を頼ってくる相手にも、自分の本領を発揮し、より思いやりを示すことができるようになりました。それまでの私は、自分本来の姿を殻にしまいこんでいました。

ガンマ・ファル・ベータ・ソロリティ・アンド・ファウンデーションの専務取締役を務めるメーガン・スマイリー・ウィック氏は、自分自身を知ることに加えて、自分をコントロールすることの重要性も強調してくれました。「自分のことをよく知っているつもりでも、いざというときに自分の特質を認識し、コントロールできるようになるまでには……長い年月を要しました」と彼女は語ります。メーガンが自分のリーダーシップという旅路を歩むなかで気づいたのは、自分の感情を制御できないときはいつも、リーダーとしてベストな状態ではなかったということです。

その例としてメーガンは、あるグループ会議に出席し、参加者に威圧された、あるいは疑念を抱かれたと感じたときのことを話しました。そのような状況にあるとき、彼女は「行動を急ぎすぎたり、慎重さを失ったり、配慮に欠けた直接的すぎる物言いをしてしまったりして、信用を失い始める」といいます。そこでコーチを雇い、セルフマネジメントスキル向上に向けたアセスメントを受けたそうです。

メーガンが抱えていた苦悩は、私がインタビューをした他の多くのリーダーからも耳にしました。インタビューに答えてくれた思いやりのあるリーダーたちはみな、私が出会ってきた標準的なリーダーと比較して、自分の行動をより客観視することができていました。彼らは自分の感情をコントロールし、その場その場の状況に適応することにもより長けていましたが、それは彼らがそうしたいという一心で、心を開いて行動したからです。

ジュラボ・ユーエスエーの営業部、マーケティング部、サービス部で部長を務めるダーク・フリーズ氏によれば、リーダーがどれほど自分本来の姿を見せているかは、どれほど周囲が自分の意志でそのリーダーについていきたいと思えるかに直結するといいます。「従業員に自分の姿を見てもらえるように……自分の人間性を知ってもらえるように、自分をさらけ出す勇気が必要です。個人的な話も共有できるようでなければいけません。リーダーは……ロボットではなく、人間なのですから。……そうすることで、従業員たちは高いモチベーションを持って私たちについてきてくれるのです」

しかし忘れてはならないのは、ありのままの私たちは、みな不完全で個々に違っているということです。自分本来の姿をさらけ出すことによって、自分の最高の状態を見せられないこともあります。ダークのいう通り、リーダーたちもみな人間です。したがって、ありのままの自分が最高の自分となるよう努力しなければならないのです。周囲に望まれるような思いやりあるリーダーになりたいのであれば、日々の行動の一環として、この努力にフォーカスする必要があります。

コンピート・レストラン・マネジメント・ソフトウエアの最高マーケティング責任者であるクリスティ・ターナー氏は、この点について力強く説明しました。「いつなんどきも、自分本来の姿、謙虚さ、自信、この3つを最高の状態で組み合わせて発揮しなければなりません。それができれば、自分1人でも……世界中に、そしてあなたの周囲の人々にポジティブな感情をもたらす、津波のような力を発揮できます。それがあなたを偉大なリーダーにしてくれるのです」

クリスティ、ダーク、メーガン、そしてジムの力強い言葉を聞いて、私も自分の人生を生き、自分の最高の状態を発揮しようと、そして他の人もそうできるような手助けをしようとインスパイアされました。こういったやりとりのなかで、やはり思いやりあるリーダーシップは科学よりもアートに近いものなのだと実感します。

加えて大切なことは、ありのままの自分を見せるということは、1人1人が違った振る舞い、外見、話し方、ものの見方をするということです。これらは自分本来の姿を表すものでもあります。従業員や部下たちも私たちと同じように、個々に異なる人間の集まりです。リーダーたちが自分本来の姿を見せているとわかれば、彼らもそれに倣い、結果として自分自身を見てもらえていると感じられるようになるでしょう。また、思いやりのあるリーダーになるためには、自分自身の成長の場を持つことも必要です。

自分自身の成長の場を持つ

人の上に立つのは大変なことです。その日その日のタスクを管理し、期限を守ってプロジェクトを完遂しなければならないだけでなく、人を成長させ、心地よく仕事をしてもらえる環境を保つことも期待されています。私はしばしば、リーダーシップは旅路であり、ゴールではないといっています。思いやりあるリーダーとして完璧な状態に「たどり着く」ことは決してなく、よりよい自分になるため、自分の成長と学びのために、日々努力し続けなければなりません。

リーダーシップという旅路を歩み始めた当時、私はフリーランスで化粧品会社メアリー・ケイのコンサルタントをしていました。そこではチームメンバーとの関係構築について非常に多くのことを学ばせてもらい、私のリーダーシップスキルにおける最大の投資ができました。自分の学びと成長の機会があることが本当に嬉しく、会議や研修があるたびに、熱意をもって参加したものです。メアリー・ケイで与えられた役割は、私を大いに成長させてくれましたし、結果として私のチームの成長にもつながりました。

ウィスコンシン大学マディソン校の印刷生産責任者であるリッチ・ガッセン氏は、知識を得たい、チームにやる気を起こす新たな方法を学びたいという意欲をインタビューのなかで語ってくれました。といっても、いつもそのことばかりに焦点を当てていたわけではないそうです。マネジメントキャリアを築き始めたばかりの頃、リッチは出勤率や職業倫理に問題のある部下たちの管理を引き継ぐことになりました。チームビルディングを向上しようと努めたものの、彼らが仕事に参加することはなく、懲戒処分にせざるを得ない状況だったといいます。リッチ自身、自分の手には負えないと感じていたことを認めています。そこで彼は、当時の上司の助けを借り、困難な状況にも対応できる自分になろうと、人材教育に関するリソースを探し始めました。「場当たり的に行動していた頃の私は、優れたリーダーであったとはいえません」と彼は正直に話しました。

自分の不完全さを認め、必要な助けを求めるには勇気が必要です。リッチの素晴らしいところは、自分がマネジメントキャリアの初期に思いやりのあるリーダーでなかったことを反省し、自分自身のために教育や研修の機会を探し求め、自分を変えようといっそう努力したことです。自己認識力を発揮して、よりうまく人を導くために自分を成長させたのです。

リッチが職場で困難にぶつかり、自分を成長させるための変化を起こしたように、マリオット・インターナショナル系列ホテルで総支配人を務めるトレント・セルブリディ氏もまた同じような行動を取っていました。当時、彼は自分が「つまらない、すぐにイライラしてしまう、人生の楽しみがなくなっている」と感じていることに気づきました。あるチームメンバーがトレントと話し合いをした翌日に退職したこともあったそうです。それを受けてトレントは、自分自身の成長の場を持つことに目を向け、大学院でホスピタリティを学び始めました。自分を「変えると決心」し、自己教育への投資を行ったのです。

大学院に入ってから2、3カ月後、トレントは変化が表れ始めたのを実感しました。自己認識を高めたトレントを見て、周囲も彼に対する捉え方が変わり、トレントはリーダーとして成長することができました。彼はこういいます。「父として成長する、職場のリーダーとして成長する、夫として成長するなど、私にはたくさんの場面で成長する必要がありました。そう気づけたのは、まさにこの経験のおかげです」

ここまで紹介したように、私はリーダーの成長についてたくさんの話を聞きましたが、そのたびに、成長しようともがく彼ら1人1人の姿にインスパイアされました。日々、少しずつ、よりよい自分になる。そうすれば、周囲にも、よりうまく思いやりを示すことができるようになるでしょう。

実践 「本当の」思いやりあるリーダーシップの美学

思いやりあるリーダーシップを保ち続けるには、内面的な努力が不可欠です。カレンダーの予定を空けて、自分のための時間を取りましょう。日々感じたことを日記に残し、コーチや親しい同僚と見直してみるのもよいでしょう。鏡の前に立ち、そこに映った自分を好きと思えるか、自分の魂が燃え上がるような仕事ができているかを考えましょう。

思いやりあるリーダー▼**ハイライト紹介**

カレン・ジョンソン（ワシントン矯正局　エクイティ＆インクルージョン管理者）

●**インタビュー回**：エピソード106〝Leaders with Heart Are Human and Give Others Permission to Be the Same［心で導くリーダーは人間味があり、他者の人間味も許している］〟

●**業界／専門分野**：公衆安全（矯正教育）

●**アハ体験**：クリーブランドVA医療センターで院長のアシスタントとして勤めていた頃、カレンはスタッフや長期入院患者間の人種格差の是正、300万ドル［約3億円］がかかった設計プロジェクトの管理、雇用機会均等室の監督などの仕事を任されていました。厳格な結果志向型のリーダーであったカレンは、しばしば自分の仕事に全力で集中するあまり、周囲に対する思いやりに欠けることがありました。「あるとき、私の下についていたスタッフたちが、私への不満を爆発させて、言いたい放題、私がどれほどひどい上司なのかを伝えてきました」とカレンは語りました。「そこで、抱えていたあらゆるタスクから離れて休むよう、10月の1カ月間休みを与えられました。そのあいだ、私は部下に言われたことを思い返しました。彼らの言い分のうち、どれが正しかったのかを深く考えていました。というより実際、彼らの言い分は正しいものばかりでした」。スタッフからのフィードバックを受け入れたカレンは、よりうまく周囲を導くために、セルフリーダーシップのスキルを磨き始めました。信仰に基づく行動に立ち返り、自分の楽しみや幸せを探しながら過ごし、心の畑の手入れをした結果、カレンは仕事上の危機を乗り越えて、よりよいリーダーに、そして、よりよい人間になることができたのです。

●思いやりあるリーダーシップの体現方法：この章では、他者を導きたいと思うのであれば、まずは自分を導くべき、つまりセルフリーダーシップのスキルを磨くべきだという話をしました。カレンの経験からはまさに、リーダーシップが自分の内側から生まれる理由がわかります。「私は自分をちゃんと愛することができていませんでした。ですから他の人を十分に愛する余裕もなかったのです。……この経験は、私のリーダーシップ哲学の軌道を大きく変えてくれました。本心を語ってくれた彼らには、今日に至るまでずっと感謝しています」。スタッフからの信用と信頼を得るために、カレンは自分のモチベーションや人との接し方を見つめ直し、自分の内側にある信念を変える必要があったのです。

●指針となる哲学：「自分を導き、次に他者を導き、最後は共に導くべし」。カレンは、職場の人々の前でも人間らしく振る舞うことが必要だと考えています。そうすることで、部下たちも同じように振る舞ってよいのだと感じられるからです。彼女はいいます。「自分に起きていることは、チームに起きていることにも影響を与えます。自分を客観視できていなかったり、内省し、成長し、軌道修正するキャパシティがなかったりすると、他の人にもそうさせることができません」。職場でも安心して自分本来の姿を見せることができれば、従業員全体を巻き込んだ、より新たな強みと資産を活用することができるのです。

第2章

部下に自分の価値を感じてもらう

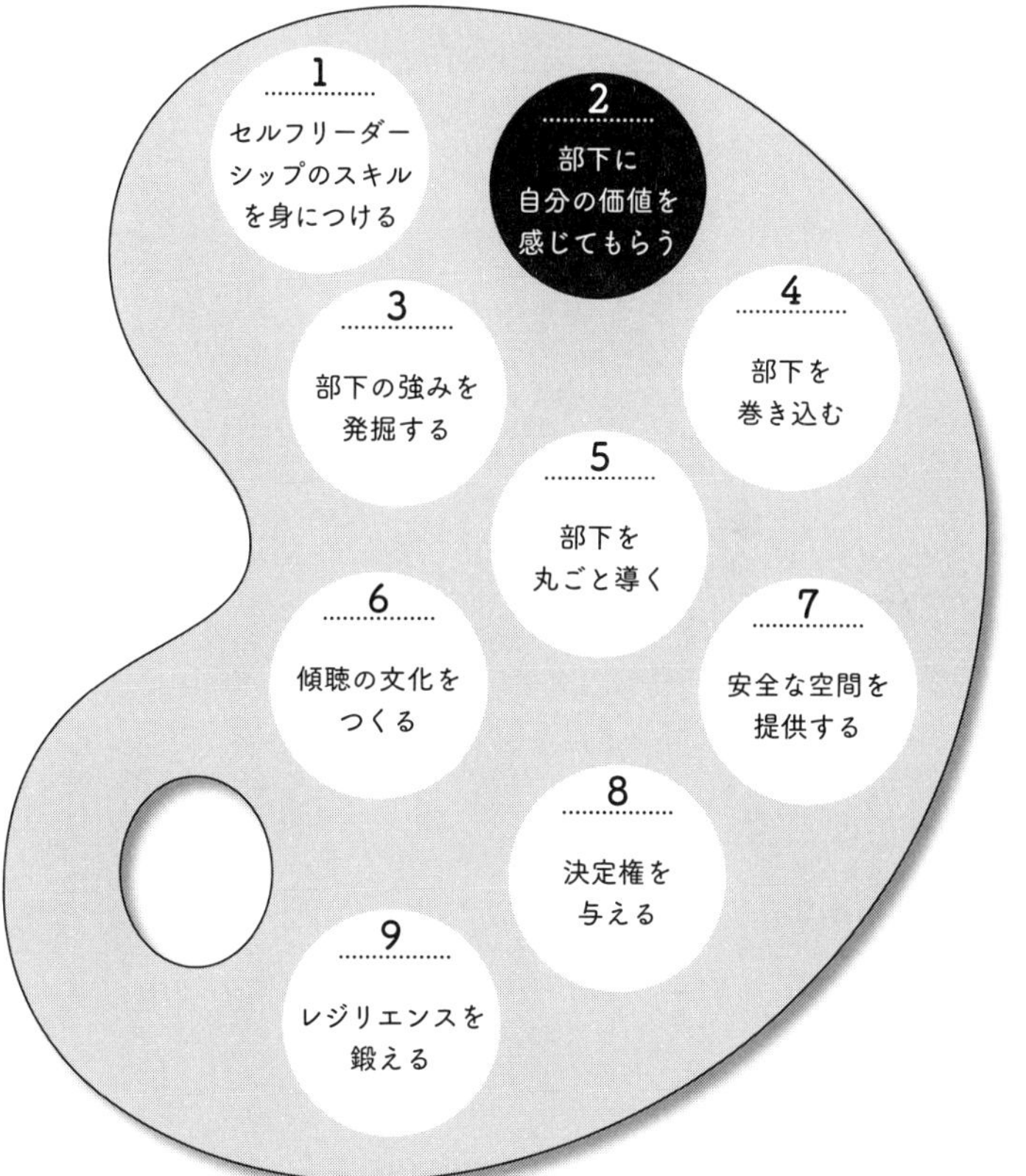

「思いやりあるリーダーシップ」フレームワーク

チームメンバーを、ただの給与支払いリストの1行としてではなく、1人の人間として知りたいのだと示すことで、彼らは自分が重要な存在である、大切にされていると感じることができます。そうすると、次はお客様にも同じように接し始めるのです。

プレスティィージ・クリーナーズ　社長兼CEO　デニス・テストーリ

多くの部下が、リーダーが自分を見てくれていない、自分は代わりのきく存在だと感じています。しかし思いやりのあるリーダーは、自分の下で働く部下と一対一で話す時間を必ず設け、彼らが能力を最大限発揮するために自分はどうすればよいのか、真摯に耳を傾けます。このようなリーダーを持った部下は、自分が特別な存在であるという気持ちになり、リーダーとの深い絆を感じるようになります。自分は最高の状態を発揮できている、自分が力を注いだ仕事が評価されている、そう感じられるからです。

前章で述べた通り、私はメアリー・ケイで働いていた頃に、リーダーシップについて多くのことを学びました。メアリー・ケイ・アッシュ氏もまた思いやりのあるリーダーでした。彼女の信条の1つは、50人の女性が自分と話すために列を成していたとしても、そのとき目の前にいる1人をもっとも大切にするというものです。その相手から目を逸らすことなく話を聞き、全身全霊で意識を向けるのです。この信条は今でも忘れられません。

これについて、イノベストCEOのリッチ・トッド氏がこういいました。「相手の気を引き、導くための最良の方法は、相手に尽くすことです」。尽くすというのは、彼らに心から感謝を示すこと、共に最前線に立つこと、より深いレベルのつながりを持つことです。思いやりのあるリーダーは、そのようなつながりをもっとも重要なものとして意識し、行動で示します。これらの行動1つ1つを詳しく見ていきましょう。

部下の貢献を評価する

作家のエイドリアン・ゴスティック氏が、「1つの成功を祝福すれば、そこから無数の成功が生まれる」と話していたことがありました。これこそリーダーシップにおける究極の真理です。部下に心から感謝を示すことで、彼らはそのような評価につながることをもっともっとしたいと思うようになります。また、彼らが彼ら自身でいること、彼らという人間そのものに価値があると感じられるのです。

プレスティージ・クリーナーズの社長兼CEOであるデニス・テストーリ氏は、従業員にお礼やお祝いのメッセージカードを贈っています。「あなたのことを本当に誇りに思います。一生懸命頑張ってくれていたことも知っています。これはあなたの目指す大きなゴールでしたね。達成、本当におめでとう！」というようなメッセージを書いて、そのチームメンバーにぴったりのギフトカードをチームで選び、プレゼントするそうです。

デニスは部下のモチベーションになるものは何か、彼らに感謝の気持ちを伝えるにはどうすればよいかを理解する必要があるといいました。誰かのことを認めていたとしても、その人にふさわしい方法で伝えなければ、かえって不安にさせてしまい、やる気の向上につながらないこともあるのです。

コロラド州ラリマー郡の出納官副官長ブリジット・グリム氏は、その方法を確かめるため、チームメンバーに「あなたのモチベーションは？」と尋ねるそうです。そして彼らと話すときには、その答えを心に留めておきます。ブリジットは従業員のレコグニションにおいて卓越していました。「私たちは毎月、バースデーミーティングを開いていますが、例えば習い事をしている人がいれば、彼らの学んだ素晴らしいこと、私たちに共有したいと思ったことについて、ぜひ話してほしいのです。そのように従業員1人1人に輝く時間を与えるよう強く意識しています」

部下が、知らず知らずのうちに落ち込んでいる、不安になっている、孤独な思いをしているといったことは往々にしてあります。しかし感謝を伝えることで、彼らは私たちの人生において重要な存在だと感じてもらえるのです。大切なのは、「レコグニション」というギフトを与えることで、彼らのどんな小さな達成もちゃんと見ている、評価していると知ってもらうことです。リーダーの称賛の言葉は彼らにとって、それから何週間ものあいだで受け取る唯一のポジティブな光となるかもしれないのです。

ラローザズ・ピッツェリア・インコーポレイテッドの人事部長であるスティーブ・ブラウン氏は、こういいました。「従業員のことを十分に認めていない、彼らのやっていることに価値があると伝えていないリーダーが多いと思います。順位を付けたり、他と比較したりしがちなのです。チームメンバーがいなければ、リーダーの仕事はありません。みんなの貢献が大切なのだといつも忘れないでいてもらうことです」

マリオット・インターナショナル系列ホテルで総支配人を務めるファルーク・ラジャブ氏は、シンプルにこう述べました。「ありがとうの言葉から始めましょう。彼らがどれほど頑張ったか、リーダーは知っているはずです。彼らがどれほど頑張ってきたかを、彼らがどれほど忙しくしていたかを認めてあげるのです」

私は初めて360度評価を受けたときのことを思い出しました。当時、私は多くの従業員に貢献を評価するメールを送っていたのですが、数人の同僚が、なぜそんな時間があるのかわからないとコメントしました。彼らは他に時間の使い方があると思っていたのです。わかっていないのは彼らのほうでした。自分には大した価値はない、そう感じるのがどんなにつらいことか、私は経験がありました。大人になるにつれ、私はさまざまな面で自分に価値がないと感じ、だんだんと心が折れていきました。だからこそ、他の人に「自分の努力は取るに足らない」と思わせるような人間にはなりたくありませんでした。彼らの貢献をちゃんと見ていると知ってほしかったのです。他にやることがあったんじゃないかって？　たしかにそうかもしれません。それでも、私は周囲の人に心から感謝を伝えることを最優先に考えました。

デニス、ブリジット、スティーブ、ファルークはみな、周囲に対し、誠意をこめて感謝を伝える重要性を話してくれました。そのような行動が、リーダーシップにおける決定的な要素なのです。

思いやりのあるリーダーは、従業員のレコグニションのために組織内のツールを活用することもあります。ウェブサイトへの写真掲載やSNS上での大々的な投稿、ニュースレターでの紹介などは、友人や家族に見てもらう機会ともなり、大きな意味を持ちます。このようなレコグニションはさらなる信用につながり、思いやりのあるリーダーと彼らが導く相手の絆を強めます。

誠意をこめて感謝を示し続けることで、リーダーは部下に対し、心遣いと優しさを示していることになります。こうして、あなたのチームで働き続けたいという彼らの気持ちが強まるのです。自身の価値を感じてもらうまた別の方法として、彼らと共に最前線に立つことが挙げられます。

最前線に立つ

数年前に、最前線で働く従業員たちのカルチャーチームで議論を補助したことがありました。現場で苦しむ従業員は、幹部とのずれを感じており、メンバーの1人がこう発言しました。「現場に要人を来させるのであれば、明るく天気のよい日ではなく、ぬかるんだ雨の日にすべきです。そうすれば彼らも自分の靴を汚して、私たちがどんな仕事をしているのか理解できるはずです」

従業員の声に耳を傾ける仕事をしてきたなかでわかったのは、多くの従業員が、自分たちはさまざまな悩みや要求や願望を抱えているにもかかわらず、幹部は現場の状況を把握していないと感じていることでした。さまざまなリーダーにインタビューをする過程で私は、彼らが時折、自分の下で働く人々と共に最前線に立つ、という話をしていたことに気づきました。

なかでも印象的だったのは、カルニン・ベンチャーズの最高執行責任者であるエリック・ヤコブセン氏のインタビューです。周囲とどうつながりを保つかについて、以前の上司から学んだ彼の哲学を共有してくれました。「魚を捕まえたければ、釣り糸を投げ込まなければなりません」

エリックは「釣り糸を投げ込む」方法として、チームのもとに顔を出す、休憩室に立ち寄る、彼らと一緒に作業やアイデア出しをする、といったことを勧めました。

ダビューク市のコリー・バーバック氏は、ボランティア団体と洪水の復興作業を行った際、彼女の下で働く人々と共に、実際に最前線に立って作業をしたそうです。そのときボランティアの人々と写真を撮った彼女は、呼吸用保護具をつけ、泥まみれの状態でしたが、「そこに写っている私の姿が、みんなが見ている私の姿であればいいなと思います。人々の心を動かすために必要なことなら、私は喜んで袖をまくり、みんなと一緒にやり遂げます」と語りました。

リッチ・ガッセン氏は、自分が最前線で働いていた頃のことを話をしてくれました。彼は他の従業員と一緒に、夜中の2時まで問題に取り組んでいましたが、そのあいだずっと上司が付き添い、一緒に問題を解決してくれたそうです。「彼は私を支えてくれました。ずっとその場にいてくれたのです。それは私のリーダーシップのスタイルにも取り込まれています」と語りました。

キース・フライア氏もまた、「自分はまさに袖をまくりあげて動くタイプの人間です。

……自分がやりたくないことを彼らに押し付けたりはしません」という言葉を残してくれました。

エリック、リッチ、コリー、キースのマインドセットや行動は、思いやりあるリーダーの特徴です。自らチームに貴重な貢献をするリーダーは、周囲の人々からより慕われるようになります。リーダーが進んで最前線に立ち、現場に姿を見せるだけで、チームや組織のモチベーションが高まるのです。また、チームメンバーの1人1人と深いつながりを持つことによっても、チームや組織のモチベーションが高まります。

深いつながりを持つ

つながりが持つ力については、ジュラボ・ユーエスエーのダーク・フリーズ氏の話が印象的でした。「互いの目を見て話せないこともあると思います。それでも相手の心に耳を傾ければ、つながりを持つことができ、つながりを持つことができれば、スタッフや顧客を力づけ、彼らのモチベーションを高めることができます」

つながりという言葉は、捉えどころのない概念に感じるかもしれません。しかし、私がインタビューしたリーダーはみな、自分が導く相手とつながりを持って信頼関係を強めることがどれほど大切であるかを本能的に理解していました。KPMG米国のグローバルプライバシー・情報管理事務所で副所長を務めるジョー・クォン氏は、つながりを持つことを「普遍原理」と呼び、こう語りました。「誰かを動かすためには、まず彼らに信頼してもらう必要があります。つながりを持ってはじめて、道徳的かつ互いに利益をもたらす形で、影響を与えたり説得したりするチャンスを得ることができるのです」

オールヘルス・ネットワークの最高執行責任者兼最高臨床責任者であるシンシア・グラント氏は、この話をさらに深めてくれました。「それが初めの一歩なのです。……人は誰しも、つながりを感じられる文化で働きたい、暮らしたいという普遍的な願望を持っています。つながりが絶たれれば、私たちはもがき苦しむことになります」

ダーク、ジョー、シンシアが強調してくれたのは、思いやりのあるリーダーがフォーカスすべきもっとも重要なことの1つです。では、思いやりのあるリーダーはどのようにして自分が導く相手と真のつながりを築いているのでしょうか。彼らはまず、チームメンバーと過ごす時間をつくります。次に、本当の自分を少しずつ開示します。そして、導きやサポートを求めて自分を頼ってくる相手にとって、声をかけやすい存在となります。それぞれについて、詳しく見ていきましょう。

部下と過ごす時間をつくる

「部下と過ごす時間をつくること」と「部下にとって、声をかけやすい存在となること」の2つを、なぜ分けて書いたのだろうと思うかもしれません。違いは微妙なものですが、それぞれ詳しく述べる価値があると思ったのです。「部下と過ごす時間をつくる」というのは、毎週または半月ごとに、彼らと話す時間をあらかじめ確保しておくということです。「声をかけやすい存在となる」というのは、彼らが私たちを必要とするときや頼りたいとき、いつでもそばにいてあげるということです。そのどちらも、彼らに自身の価値を感じてもらうための、思いやりあるリーダーとしての鉄則です。

この点については、インスパイアリング・エイチアールの創業者兼最高インスピレーション責任者［優れたコミュニケーターとして従業員に刺激とモチベーションを与える役職］であるミンディ・フラニガン氏がコメントをしてくれました。「私が学んだのは、在宅で働いていても毎日一緒にオフィスで働いていても、従業員1人1人と顔を合わせて話す時間を取る必要があるということです」。1人1人のために時間を取り、まっすぐ目を向けることで、彼らはリーダーが本当に自分のことを見てくれている、自分自身を大事に思ってくれていると感じられるのです。

ラローザズ・ピッツェリアのスティーブ・ブラウン氏は、彼の下で働く人々とつながりを持つよう意識している理由について、思いやりあふれるコメントをしてくれました。「自分の仕事はどうでもいいのです。大切なのは彼らです。だからこそ彼らと過ごす時間を取り、良い話も悪い話も聞き、どんな状況なのかをしっかり理解するよう意識しています」

米国水泳連盟の会長兼CEOであるティム・ヒンチー3世氏は、CEOとして組織に加わった当初、職員と話す時間を設けました。1人1人と面談を設定し、お互いのことを知るため、1時間ほどお茶をしたそうです。この意図について彼は、「ただ役員室にいるだけの、組織を導くために必要なことを知った気でいる人間にはなりたくないのです。本当の意味で、ちゃんと職員とのつながりを持ちたいのです。それが何よりもまず先です」と話しました。

数年前、チームメンバーの1人と共に、会社の採用面接を担当したことがありました。応募者に「チームの特によい点は何ですか。このチームに入るべき理由を教えてください」と尋ねられ、これは素晴らしい質問だと思った私は、同席のチームメンバーに答えてもらうことにしました。すると彼は黙りこくって考えたあと、こういったのです。「こちらの方がいることです！」思わず誰のことかと後ろを振り返りましたが、誰もいません。「私……ですか？」というと、彼は「そうです、あなたですよ！」と続けました。「この方が来るまで、次長クラスの上司と顔を合わせることは――彼らがチームの様子を見に来ることは――ほとんどありませんでした。でもあなたは、様子をうかがうだけでなく、毎週私たちと話をする時間も取ってくれていますよね。そんなことをしてくれる上司はいませんでした。この方には大事にされていると感じるのです！」

何と答えるのだろうと思っていましたが、これには驚きました。彼の言葉を聞き、私は誇らしくなりました。まさにそのように思ってもらいたいという一心で、リーダーシップのキャリアを積み重ねてきたからです。このような形で努力を認めてもらえたのは初めてでした。おかげでその日は足取りも軽く、応募者も私たちのチームに加わってくれることになりました。その後、その応募者もまた、チームの素晴らしい戦力となってくれました。

リーダーは、国内各地のさまざまなオフィスへ出張しなければならないこともありますが、そこでの人々ともつながりを持つ方法はありますし、その効果はあらゆる面で絶大です。ファーストバンクの地域社長パット・ブレイディ氏は、個人的なつながりにフォーカスすることについて、このように述べました。「たくさんの業務を電子上で行っていたとしても、リーダーは職場に姿を現さなければなりません。……物理的にそこにいることが重要なのです。私もよく出張で州外のマーケットへ行くことがあります。それは外部とのミーティングのためですが、より小さなミーティングの時間も設けて、彼らの会社で働く数人と朝食や昼食をとったりもします」

フィアット・クライスラー・オートモービルズでサービス・部品部門管理マネージャーを

務めるネイト・イゲレンスキー氏は、リモートチームのメンバーと一対一でつながりを持つ必要性について語ってくれました。自身もチームも出張が多いなかで、ネイトは彼ら1人1人とつながりを持つことに全力で取り組んでいます。その方法として、「彼らと共に行動する必要があるとき、私が彼らのもとへ出向くか、彼らにこちらへ来てもらうことになりますが、ほとんどいつも私のほうから出向きます」といいました。ネイトはメールやメッセージ、電話だけではなく、実際にチームメンバー1人1人と会うよう努めています。リモートチームを管理するのは簡単なことではありませんが、彼は関係強化において、直接顔を合わせる大切さを理解しているのです。

タイニー・パルスのCEO兼創業者であるデイビット・ニウ氏は、彼独自の方法でチームとのつながりを保っています。出張が多くスケジュールがタイトなデイビットは、「タイニー・コーヒー［小さなコーヒー］」というプログラムを実施し、彼の下で働く人々と30分程度コーヒーを飲みながら話す時間を設けています。「彼らと話すときはランダムに相手を選ぶだけで、話し合う内容をあらかじめ決めたりはしません。目的は彼らの状況を知ること、私が知らないことで知っておくべきことがないか確かめることです。これはいたって流動的なプログラムです」と話しました。

世界中がコロナ禍に陥り、チーム内のつながりを保つために新たな方法を模索する必要が生じました。なかでもビデオ通話が注目を集め、ビデオを通してつながることができると世界中で知られるようになりました。また、マスク着用とソーシャルディスタンスを徹底すれば直接会ってもよいとわかり、対面でつながることも再びできるようになりました。物理的な距離にかかわらず互いの近くにいたいという気持ちは、つながりを感じるための重要な要素であり続けています。

このテーマについて話してくれたのは、ファーストバンクのクリスティーン・ジョンソン氏です。彼女はたびたび出張でチームを離れなければならず、チームのみんなに会いたいと強く感じていました。自分がいないあいだも、チームが自分たちなりの方法で苦境を乗り越えることができたと聞いたときは、「元気を与えてもらった」と感じ、彼らのレジリエンスや創造力に富む発想を誇りに思ったそうです。

リーダーが部下とのつながりによって元気を与えられるというのは、まさに私にも当てはまります。これは仕事だけでなく、家庭での子どもとの関係についても同じです。

先日、長男の部屋に出向き、机に向かっている息子の姿をベッドに横たわって眺めていました。最近どうかと質問を投げかけると、息子はベッドにやってきて腰をかけ、そのまま会話を続けました。彼がいろいろなことを共有してくれたのは、私が彼のためだけに時間を取ったからです。さらに言えば、そこには話し合うべきことなどはなく、私はただ彼との時間を過ごしただけでした。私もまたクリスティーンと同じように、息子とのより深いつながりを感じ、元気を与えてもらったのです。息子もまた、私と2人きりで過ごす時間をとても喜んでくれました。

部下と一対一で、あるいはチームで話す時間を設けることには大きな価値があります。思いやりあるリーダーとして知られるためには、さきほど紹介したリーダーたちのように、周囲とつながりを持つ時間を継続的に取らなくてはなりません。また、自分が導く相手に対し、自分自身の話を共有することも必要です。

自分の話を共有する

アロー・エレクトロニクスの人事部長を務めるアダム・マッコイ氏は、本当の意味でつながりを持ち、自分がどういう人間であるかを伝える必要性を教えてくれました。アダムはチームメンバーに自分の生活に関する話を共有し、彼らの生活においても何か変わったことはないか尋ねるようにしているといいます。たとえば同僚の妻が出産を控えていると聞いたときは、調子はどうかと声をかけていたそうです。

パット・ブレイディ氏も、リーダーは部下に自分の話を共有する必要があると強く感じていました。つながりは双方向に働くものです。パットは部下が「自分について聞いてもらえることをありがたく思うだけでなく、リーダーのこと、リーダーの生活にも関心を持っています。あのことはどうなりましたか、その件はどんな感じですか、と尋ねてくれます。リーダーはそれに率直に答え、いろいろなことをオープンに共有してよいのです。それこそが絆を深める方法です」と説明しました。

周囲と積極的につながりを持つことにははっきりとした利点があります。これについてはトップ・エンプロイヤーズ・インスティチュートのブラジル支社長グスタボ・タバレス氏が的確に述べました。「よいリーダーになるには、周囲とどのようにつながりを持つかを考えなくてはなりません。そうしないとリーダーは孤立してしまいます。この孤立が生み出すのは、他でもなく、混乱、コミュニケーション不足、信頼の欠如です」

アダム、パット、グスタボはみな、自分の気持ちをよりオープンに表現し、弱い部分をさらけ出すことで、部下にも彼ら自身の価値を感じてもらうこと、彼らに思いやりを伝えることができると理解していました。

しかし、思いやりのあるリーダーは、健全な共有と見境なく共有しすぎることの微妙なバランスを取らなければなりません。もしあまりに多く、あまりに頻繁に共有してしまうと、頼ってくる人々の信用と信頼を失ってしまう可能性もあるのです。(注1)

実をいうと、これは私がリーダーとして抱えている大きな改善項目の1つです。以前、経営幹部リーダー陣の1人と話し合い、心が挫けそうになったことがありました。オフィスに戻ると、直属の部下が話し合いはどうだったかと尋ねてきて、私は何があったのか、どのような気持ちにさせられたのか、自分でも恥ずかしいほどあけすけに泣き言をこぼしてしまったのです。

部下は、「ヘザーはもっとしっかりすべきよ」「もしヘザーがリーダーとしてこのプロジェクトを進められないなら、私にだってできるわけがない！」と思ったでしょう。自分の弱さをさらけ出しすぎたことで、私はチームメンバーの自信や私に対する信頼を損なってしまいました。あのとき私は、自分に対する客観的な視点を取り戻し、感情をコントロールすべきでした。また、自分が直面している問題の解決策を共有して、前に進む方法を提示すべきだったのです。

もしミーティングでの出来事を共有するのであれば、せめて「なかなか思い通りにいかない話し合いだったの。あの方法じゃなくて、こっちの方法でプロジェクトを進めるように言われた。やり方を考えないといけないから、ちょっと手を貸してくれる？」とでも言えばよかったのです。そこで止めておけば、正直でありながらも前向きな姿勢を示すことができたはずでした。

つまり、部下と深いレベルでつながりを築くには、弱さの見せ方を選ぶことが大切です。

それはリーダーとしての重要な行動であり、頻繁に示すことで、彼らのことを——彼らが何かをしてくれるからではなく、共に取り組んでいるからこそ——思いやっているのだと伝えることができます。心遣いと優しさを示すまた別の方法に、部下がリーダーを必要とするときに、声をかけやすい存在であることが挙げられます。

声をかけやすい存在になる

多くの上司は実務的なことにばかり注目して、チームの成功にほとんど重きを置きません。一方、思いやりのあるリーダーは、周囲にとって声をかけやすい存在となり、彼らが大切な存在であることを示します。そうすることでよりコミュニケーションが活発になり、さらなる安心感につながり、周囲は期待以上のことを成し遂げようと意欲的な姿勢を見せるようになります。

リーダーは組織のヒエラルキーにおいて上位の立場にいるほど、彼らの下で働く人々にとっては遠く、近寄りがたい存在となりがちです。この近寄りがたさが、最前線で働く人々と経営幹部陣のあいだの深い溝を生んでしまうのです。

この点について、セラフィック・グループで生物群学研究最高責任者を務めるロン・サザーランド氏は、自身が昇格したときの同僚との会話を話してくれました。同僚はこういったそうです。「1つだけアドバイスをさせてほしい。自分がもといた場所を忘れないでくれ。……昇格した人を多く見てきたが、自分がもといた場所から離れれば離れるほど、彼らはスタッフにとってますます遠い存在となってしまう。そうすると、最高のリーダーにはなれないんだよ」

ロンの同僚はいいところに気がついていました。思いやりあるリーダーシップとは、日々の行動のなかで心遣いと優しさを示すことですが、周囲が必要とするときにそばにいないのであれば、彼らとのつながりだけでなく、思いやりを示す機会も失ってしまうのです。

普段の私は、自分のチームにとって「声をかけやすい存在」であったと思いますが、それでも完璧ではありませんでした。ミーティングに追われ走り回っていることも多く、そんなときの私には声をかけられなかったでしょう。部下とつながりを持てているときは、部下のフラストレーションを感じることもできましたし、部下の問題や疑問を解決するために注意を逸らさず、まっすぐ彼らに目を向けるようにしていました。私は思いやりあるリーダーとしての自覚がありますが、だからといって失敗しないわけではありません。これは家庭でも常に気をつけていることです。

セント・ピーター・ルーザラン・チャーチ・アンド・スクールの運営責任者トム・ディーツラー氏は、誰かがオフィスを訪ねてきたとき、どのように向き合っているかを話してくれました。1つは、その人が入ってきた瞬間にパソコンを閉じること、もう1つは、もしも業務が逼迫していて話す時間がなければ、そのことを正直に伝え、別途話す時間を設けることです。

ファーストバンクの社長兼CEOであるジム・ロイター氏は、CEOの役職についてから現場に現れなくなったと従業員に直接いわれて以来、常にチームにとって声をかけやすい存在になろうと努めているそうです。では、声をかけやすい存在となるために彼が行っていることは何でしょうか。ジムはこういいました。

「カフェに行ったり郵便物集配室に何かを出しに行ったりするときは……秘書にやらせるのではなく、自分の足で動き、いつも違うルートを通るようにしています。……そうすると廊下で従業員に会うこともありますし、彼らが仕事をしているところに立ち寄って様子を見ることもあります」

ベイナーメディアの最高愛情責任者〔従業員の相談やサポートを行うベイナーメディア独自の役職〕であるクロード・シルバー氏は、声をかけやすい存在となることを、周囲のための「場を持つ」ことと呼んでいます。クロードは「私がここにいるのは、彼らのために場を持ち、尽くし、行動するためです。それは私にとって非常に大切なことです」といいます。その一環として、新しく入ってきた従業員の様子を窺ったり、彼らの状況を知ることができるようにオープンドアポリシー〔従業員がいつでも入れるように役員室のドアを常に開放しておくこと〕を採用したりしているそうです。

講演者、作家として著名なジグ・ジグラー氏は、自分が会ったことのない相手に対しても声をかけやすい存在となることで、生涯にわたるつながりを築き、彼ら自身の重要性を感じてもらうことができると理解していました。シックス・シックスティーエイトの主任コンサルタントであり、SPCSの前社長であるスティーブ・ポール氏は、あるイベントでジグに会ったときのことを嬉しそうに振り返りました。彼はジグがオープンに接してくれたこと、自分は重要で価値のある人間なのだと感じさせてくれたことに圧倒されたといいます。ジグと彼の妻と同席したとき、ジグがどう接してくれたかについて、スティーブはこう語りました。「それからの20分間、僕を会話の中心に置いてくれました。……ずっと僕のことを励ましてくれました。ジグに『自分は表舞台に出るのにふさわしくないと思うんです。何かを成し遂げないと』と話すと、それをはっきりと否定してくれたのです。そのことは一度たりとも忘れたことがありません」。ジグが声をかけやすい存在であったこと、自分を重要な人間だと感じさせてくれたことは、スティーブ自身のリーダーシップスタイルの大きな一部として生かされているといいます。

トム、ジム、クロード、ジグはみな、導きを求めて自分を頼ってくれる相手にオープンに接し、声をかけやすい存在となることで、相手が自身の価値を感じられることを理解していました。言葉だけでなく行動で示すことで、彼らは自分が導く相手が思いやりを感じられるようにしたのです。

思いやりのあるリーダーは、自分の下で働く人々に対し、見返りを求めることなく思いやりを示さなくてはならないと理解しています。リーダーにできるもっとも大切なことの1つは、その人が自分は価値のある存在だと感じられるようにすることです。これこそがもっとも誠実な思いやりの形です。

リーダーが部下を認め、彼らと共に最前線に立ち、彼らとの深いつながりを持つことで、彼らのポジティブな感情を引き出すことができ、期待以上の働きをしたい、もっとこのリーダーについていきたいと思わせることができるのです。

実践 「本当の」思いやりあるリーダーシップの美学

最高の思いやりの形とは、相手が自身の価値を感じられるようにすることです。リーダーは部下にとって、ポジティブな感情をもたらす最大の源となることができます。そのためには、何かしらの形で彼らの努力を認めてあげること、一対一でつながる時間をつくること、ただ彼らのそばにいてあげることなどがあります。絶えず努力を重ねましょう。周囲の人々の人生を照らす光となるのです。

思いやりあるリーダー▼ハイライト紹介

エリック・バン・ブレイマー（シカゴ連邦準備銀行　上席副社長）

●**インタビュー回**：エピソード116〝Leaders with Heart Have Care as Their North Star［心で導くリーダーは、思いやりという北極星を持っている］〟

●**業界／専門分野**：銀行・金融（顧客窓口サポート）

●**アハ体験**：多くの人と同じように、エリックも次のレベルを目指して、自分のリーダーシップスタイルやこれから進むキャリアを模索していました。とにかくもっと上の、権力のある役職を目指し続けたことで、彼は相当高い地位にまで上り詰めることができました――しかし、失ったものも小さくありませんでした。「これまでのキャリアのなかで、共に働く仲間に対する思いやりを持てなかった時期がありました。昇進した際に、それが彼らにどのような影響を与えるのかを考えず、自分のこと、昇進の素晴らしさにばかり目が向いていました。そのポジションに至るまで助けてくれた人々のことを考えていなかったのです」。仕事に対する熱意や魂よりも、キャリア上の成功を優先したエリックは、共に働く人々をないがしろにし、彼らを取るに足らない人間だと感じさせてしまいました。彼にとっての転機は何だったのでしょう？　「そもそもなぜこの立場を目指したのかを見つめ直し、振り返る必要があると気づき、まるで頬を引っ叩かれたかのようでした。そのきっかけとなったのは、それまでとても親しくしていた人物に呼び出され、こういわれたことです。『すみませんね、お偉いさんになったそこのあなた。次は何をすればよいか、下働きの私たちに教えてくれませんか？』」

その発言は辛辣でしたが、エリックは目を覚まし、自分がチームメンバーにどんなひどい扱いをしてきたのか、やっと気づくことができました。彼は、自分の成功と従業員の成功は切っても切り離せないものだと、自分が目標を達成する手助けをしてほしいのであれば、彼らを大切にしていると伝えなければならないと学びました。

●思いやりあるリーダーシップの体現方法：この章では、自分自身の価値を感じたいという従業員の基本的なニーズについて述べました。そのニーズが適切に満たされていないときに何が起こるのかは、エリックの話がよい例です。彼の経験はまた、厳しいフィードバックに直面したときに、思いやりあるリーダーが取るべき行動の手本を示しています。そのフィードバックを受け止め、心を開いて耳を傾け、感謝を持って応えるということです。今のエリックは、果てしなく続く次のレベルではなく、別の場所にモチベーションを見出しています。彼はこういいました。「モチベーションを探しているのであれば、自分に目を向けるのではなく、周囲の人々を基準にするとよいでしょう」

●**指針となる哲学：「チームの成功は自身の成功であり、逆もまたしかり」**。思いやりあるリーダーシップが効果的に発揮されているとき、その特徴はチームに現れます。そのようなチームには団結力と忠誠心があり、彼らは共通の目標に向かって、頭ではなく心で動いています。優れたリーダーは、チームメンバーの1人が輝けば、全員が輝くことができると理解しています。エリックはこう述べました。「チーム1人1人の輝きと熱意を保つことができれば、全員一緒に成功することができるのです」

第3章

部下の強みを発掘する

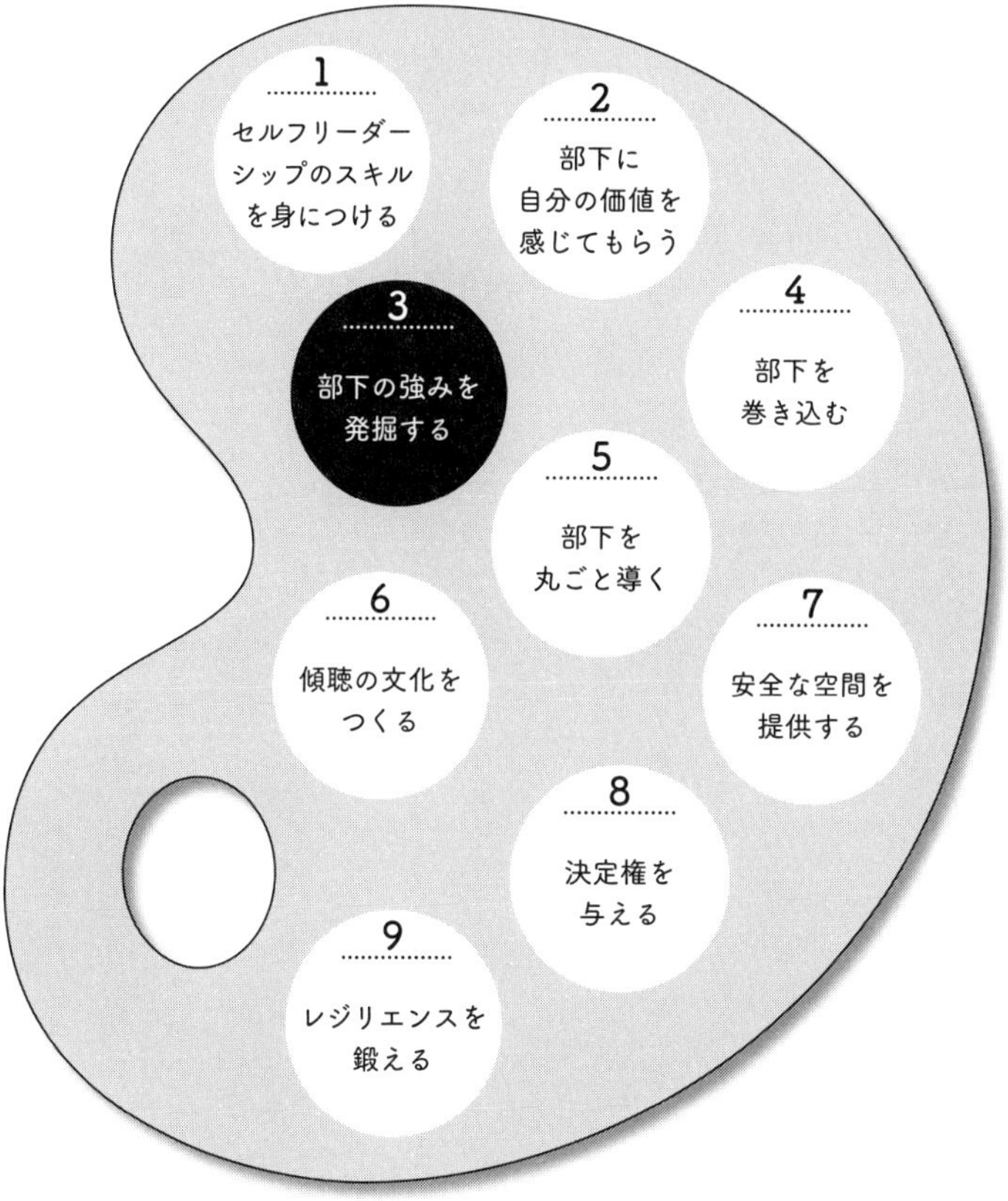

「思いやりあるリーダーシップ」フレームワーク

人間の持つ創造力は無限大です。リーダーは、その創造力を解放することができるのです。

ブルー・アース・ネットワーク　創業者兼CEO　ウダイヤン・ジャタール

思いやりのあるリーダーは、自分が導く相手の才能や能力を認め、成長させることを一番に考えます。部下のよいところが垣間見えたとき、それを無視するのではなく、掘り起こそうとします。そして、芸術家が作品に色を塗り重ねるように、彼らが持つ独特の才能に彩りを加えます。適切な思いやりを示さずにただ結果を期待するのではなく、彼らと話す時間をつくり、「私にできることはないか」と尋ねます。

スティーブン・R・コヴィー氏は、著書『第8の習慣「効果性」から「偉大さ」へ』のなかで、リーダーは自分の「声」を知り、さらに周囲の人が彼ら自身の「声」を知る手助けをしなければならないと述べています。コヴィーのいう「声」とは、その人が持つ「唯一無二の存在価値」であり、自分の才能（得意なこと）、情熱（刺激となるもの）、良心（正しい行いや取るべき行動）、ニーズ（自分や世界が求める付加価値を提供できること）に目を向けることで見つけられるといいます。(注1)

思いやりのあるリーダーは、部下の強みを発掘することで、彼らの唯一無二の存在価値を見つける手助けができます。その方法としては、彼らに活躍の場を持たせること、成長するためのツールを与えること、彼ら自身と彼らのポテンシャルを信じることが挙げられます。

活躍の場を持たせる

先日、私の娘が演説分析の授業で、クラスメートたちの前で朗読しなければならない機会があったそうです。クラスのみんながそれぞれに演説を選ぶなか、娘はなんとマルコム・X〔黒人至上主義を提唱し、過激な黒人解放運動を先導した黒人公民権運動活動家〕の演説を選びました。私の娘が――おとなしく控えめなこの少女が――しばしば物議を醸すあの人権活動家、マルコム・Xを選ぶとは。私はその理由を尋ねました。

娘がマルコム・Xの黒人革命についての演説を選んだのは、耳を傾けてくれない人々に対し、どうやって自分の意見をわからせるかを彼が語っていたからでした。娘は彼の考え方に信頼を寄せていました。発達障害を抱え、これまでの人生でさまざまな困難と戦ってきた彼女は、自分の選択に一切の迷いも感じていませんでした。

娘はいいました。「彼はたくさんの逆風を受けてきた。お前は立派な人間にはなれない、と先生にいわれたこともあったんだって。私もこれまでの人生で、将来成功するのは無理だろうとか、これはできないだろうとか思われることもあったから、彼に同情した。彼の演説は本当に心に響いたの」

娘の発表を聞いて、先生もクラスのみんなも唖然としたそうです！　娘は、その場の全員に強いインパクトを与えました。先生はそれからの数日間、授業のたびに娘の発表を褒め称えたそうです。さらに先生は、強く心を打たれたあまり、次の学期はマルコム・Xを授業で扱うとまで決めたのでした。

娘がこのような一歩を踏み出したことに驚きましたし、とても誇りに思いました。正直、私だったらそんな勇気はありませんでした。彼女は自分らしさを最大限に発揮する選択をしました。勇気を出して、追求すべきことを追求し、周囲に伝え、別の視点から真実を知ってもらう行動をとったのです。先生は娘の輝きと強さを発揮する場を与え、娘はそれに応じて立ち上がりました。

ラリマー郡の出納官副官長ブリジット・グリム氏は、部下に活躍の場を与えるために、彼らが新たな挑戦をし、リスクをとることができる環境をつくっていると話しました。彼女は部下が本当に求めるものを見抜いています。「彼らは自分も舞台に上がってよいのだと、お客様やチームのために新たなことを試みてよいのだと、そういってもらうことを望んでいます」。自分の下で働く相手に制限を課してはなりません。彼らが今以上の実力を発揮できる環境を用意する必要があります。

テキサス州マバンクのマバンク独立学区で特別学級運営責任者を務めるティンブラ・ヨーカム氏は、自分の下で働く人々に対する責任をこのように定義しました。「教師であれ直接評価を行うスタッフであれ、1人1人が自分のなかにリーダーとしての素質を見つけられるよう手助けしています。問題について相談を受けたら、私の答えを伝える前に、まず彼らが考える解決策を聞きたいのです」。つまり、自分の下で働く人々が殻を破り、可能性を広げられるような環境をリーダーがつくることが大事です。

彼らが殻を破ろうと試みたときは、成功しても失敗しても、彼らの勇気、ありのままの姿、努力を認めてあげなければなりません。それこそがリーダーにとって価値のあるものです。その価値を認めることで、リーダーは部下のさらなる力を引き出すことができ、それが結果的に彼らの成功と活躍につながるのです。

数年前、私と共に働いていたチームメンバーの1人が、経営幹部陣の前で行うプレゼンテーションを控えてひどく緊張していました。聞き手の役職に萎縮していたのです。しかし残念ながら彼女の仕事上、これからも頻繁に彼らの前でプレゼンテーションを行う必要がありました。私は彼女がもっと気楽に臨めるよう、「彼らも同じ人間だから大丈夫」と伝えました。結果、役職ある彼らに対する見方を変え、一緒にプレゼンテーションの技巧を磨いたことで、彼女は初めてのプレゼンテーションを見事に乗り越え、幹部たちの好感を得ることができました。彼女が絶対に失敗しないよう、私は自分にできる精一杯のことをしました。彼女に活躍し、成功してほしかったのです。

部下を輝かせる方法としては他にも、彼らの強みが際立つプロジェクトを任せることや、あなたの代わりにプレゼンテーションをしてもらい、彼らの才能を上席リーダーに知ってもらうことなどがあるでしょう。方法はいくらでもあります。

どの方法を選ぶにしても、ブリジットやティンブラのように、勇気を持って追求すべきことを追求し、周囲に伝え、真実にたどり着かせることが大事です。部下の勇気、ありのままの姿、努力を認めてあげましょう。彼らに輝ける場を持たせるのです。

その人の強みを発掘するには、自分のコンフォートゾーン［ストレスや不安を感じることのない行動範囲や心理領域］を越えて成長するための、ツールを与えることも大切です。何を磨き、学び、伸ばすべきなのかを意識的に示してあげれば、彼らに自信を持たせることができます。

成長するためのツールを与える

1．トレーニング

チームメンバーに大きな才能があるにもかかわらず、彼らが今いる場所で、あるいはそこを越えて成長するための、適切なツールが与えられてない場合もあります。リーダーは、部下の成長過程に必要な、適切なツールを与える役割があります。適切な「ツール」が与えられていないというのは、例えば、適切なトレーニングを受けさせていない、決定権を持つ人と話す機会を持たせていない、適切なフィードバックを与えていない、といったことがあります。

ウィスコンシン大学マディソン校のリッチ・ガッセン氏は、この点をよく理解していました。「私はスタッフのためのトレーニングを模索してきました。このトレーニングは、彼らがこれからのキャリアでいつか人を監督する立場になれるよう……そのようなキャリアに向かって進めるよう……準備させるためのものです。私にとって大切なのは、彼らが今現在、あるいはこれから先、利用できるツールとリソースを持たせること、それらを相互に活用してもらうことです」。リッチは自分の下で働く人々が成功するための武器を与えることにフォーカスしていますが、素晴らしいのは、彼こそ第1章で紹介した、自分自身にも同様のリソースを積極的に与えてきた人物だということです。

リッチはチームメンバーに対し、彼らの成長を日々促すことで、継続的に心遣いと優しさを示しています。思いやりあるリーダーに欠かせない行動は他にも、自分を頼ってくる相手に対し、建設的なフィードバックを与えるということがあります。

2. フィードバック

職場でもっとも欠けてしまいがちなのは、従業員が成長するための継続的かつ建設的なフィードバックです。ヴォルラース・カンパニーのマーケティング部長であるクリスティーナ・ウェグナー氏は、フィードバックはギフトであり、リーダーは部下が活躍できるよう、フォーマルな形であれインフォーマルな形であれ、定期的にフィードバックを行うべきだと考えています。

クリスティーナは直属の部下と四半期ごとに面談を行い、彼らの業務計画を評価していま す。さらに中間と期末には、直属の部下1人1人について、彼らの顧客や同僚に簡単な360度評価を依頼し、部下が正しい方向に進んでいるかを確認しています。このルーティンについてクリスティーナは、フィードバックの時期が近づくと、チームメンバーがねだるようにフィードバックを求めてくると話しました。「彼らは自分の改善項目に早く取り組みたいのです。従業員としても1人の人間としても、周囲との人間関係において、自分が内面的に成長し続けていることを確かめたいのです」。クリスティーナの下で働く人々はフィードバックに感謝しており、このフィードバックによって、自身の強みを発見し、さらなる成長の機会を得ています。

以前、惰性で日々のルーティンをこなしている様子のチームメンバーと話したことがありました。熱意が持てなくなっているみたいだね、と私が気づいていることを伝え、もっとキャリアを開花させることができるはず、とも伝えました。彼女の成長を手助けするトレーニングも用意しました。彼女は私の行動に感謝してくれましたし、すぐに自分がフォーカスしている仕事にもっとエネルギーを注ぐようになりました。

サービス・エクスプレスのCEOロン・アルベステファ氏は、ときにリーダーは、チームメンバーの軌道修正をすることも思いやりだということを見落とすと指摘しました。ロンは、「思いやりを持てば持つほど、適切なタイミングで彼らの間違いを指摘することができるようになると思います。勇気づけること、指導すること、間違いを指摘することのバランスが大切です」と述べました。ロンはある先生によく「大目玉を食らっていた」過去を思い出しながら、その先生こそ彼の一番好きな先生であったと語りました。自分を正しい方向に導いてくれたことで、先生の思いやりが伝わったからだそうです。

ラボ・アグリファイナンスで副社長兼タレントマネジメント長を務めるローダ・バンクス氏は、フィードバックの重要性を次のように説明しました。「誰かを思いやり、その人の成功を願うのであれば、率直なフィードバックを与えるようになるはずです。自分が親として子どもにそうするのと同じです。私たちはいつも、自分の子どもが傷つかずに済むように、あるいは傷を最小限にとどめるためにアドバイスをしていると思います。リーダーシップも同じです。私たちはチームメンバーの親ではありませんが、彼らの未来を育てる責任があります」

私もフィードバックはギフトだと捉えていますが、実をいうと、ツールであるとはあまり考えたことがありませんでした。リッチやクリスティーナの、自ら学んで成長し、ひいては自分が導く相手を成長させようという姿勢や、またその成長のために必要なものをきちんと与えようとする姿勢は素晴らしいものです。ロンとローダの考えもまさしく正しいものでした。フィードバックは思いやりを示す方法の1つであり、心遣いと優しさを示す最適の形なのです。

また、思いやりのあるリーダーは、周囲に活躍の場と成長するためのツールを与えることに加え、彼らを信じ、ポテンシャルを最大限に引き出そうとします。

3. 彼らを信じ、ポテンシャルを最大限に引き出す

私にはときどき面倒を引き起こしてしまう才能があります。誰かの、他の人では気づかないほど小さな輝きを見つけてしまうのです。ときには実際以上のポテンシャルを見出してしまい、彼らが実現できそうにないようなことも、やり遂げる能力があると信じてしまうことがあります。それでも、彼らが持つ素晴らしさを他の人に知ってもらうこと、その小さな光

がもっと大きく輝けるように育てることは楽しいものです。私は生来、人々の力を信じていますし、部下たちにはさらなる高みを追求し、さらなる自分に成長するポテンシャルがあると信じています。部下のポテンシャルを信じ、才能が開花する手助けをすることで、チームだけでなく、彼ら1人1人も大切に思っていると示すことができるのです。

部下とは多くの場合、メットライフの上級副社長兼最高人事責任者であるジュディス・シモーネ氏のいう「正真正銘の使命」が何であるかをはっきりとわかっておらず、どのように、あるいはどの場であれば、その使命を果たすことができるかを把握していません。ジュディスは自分の役割を、自分の下で働く人々が使命に出会うための仲介者と考えています。彼女のいう使命とは、組織における使命ではなく「神様に与えられた使命」です。ジュディスは、リーダーにとって大事なことは、相手がどこに属していたとしても、手助けをしてあげることだといいます。その相手が使命を全うできるのは、今いる組織やチームの場合もあれば、別の組織の場合もあると彼女は考えています。どちらの場合でも、リーダーは手助けをするのです。

エクセル・メディカルでマーケティング部上席部長を務めるロブ・ペッパー氏は、あるチームメンバーの話を引き合いに出して、相手のことをその人自身よりも強く信じてあげること、その人が使命を全うする手助けをすることを強調しました。

そのチームメンバーはグラフィックデザイナーで、会社のデジタル・プレゼンス［ウェブ上における存在価値］全般を任せられる戦略的能力があるとロブは考えていました。彼女はすっかり怖気づき、それほど大きな役割を任される実力があるかと真剣に悩んでいましたが、ロブは彼女に「信じている」と伝え、彼女が成功するために必要なことはすべて用意すると約束したのです。

彼女はその後、ロブが働いた2つの職場にもついてきたといい、今ではデジタル戦略を全面的にサポートする上場企業で成功をおさめているそうです。ロブはこう語ります。「彼らは自分を支え、信じてくれる存在をただ必要としていました。そして自分自身を信じなければなりませんでした。今の仕事の範疇を超えて成長できるよう……困難な道に進む力を与えられる必要がありました。彼らはただ、そばで自分を支えてくれる存在を求めているのです」

トレント・コンサルティングの創業者兼CEOであるダニエル・マッカラム氏は、才能を開花させるこのプロセスを「自分の下で働く人々に未来を見せること」であると述べました。多くの人が未来を恐れているため、リーダーが一歩踏み込んで、チームメンバーに未来の成功ビジョンを示すことで、「彼らは勇気を持って決断できるようになり、リーダーへと成長する過程で小さな一歩を積み重ねられるようになります。みんなが人生で必要としているのは……自分にそのようなポテンシャルがあると信じさせてくれる存在なのです」と語りました。

私の人生にもそのような存在がいました。その人物は私よりも先に、私がロースクールに進む未来を見ていました。彼女に勇気をもらい、きっとうまくいくといってもらえたおかげで、私はロースクールに通い弁護士になる自分の姿を思い描くことができました。彼女が私に「未来を見せて」くれていなければ、今の私はなかったでしょう。

ロブやダニエルのように、「未来を見せる」ことにフォーカスしているリーダーは、自分が導く相手がさらなる高みを追求し、さらなる自分に成長できるようインスパイアしています。チームメンバーを心から信じることで、彼らに心遣いと優しさを示し、日々の行動を通じて思いやりあるリーダーシップを実践しているのです。

しかし、いつもうまくいっているリーダーはそうそういません。思いやりのあるリーダーであるからといって、選択を誤ったり貴重な従業員を失ったりすることから逃れられるわけではありません。シーエムエル・オフショア・リクルートメントの創業者兼CEOであるスティーブ・マッキントッシュ氏は、あるチームメンバーのポテンシャルを発掘できなかった経験を話しました。スティーブは彼の能力をもっと引き出そうともがいていましたが、彼は残業をすることもなく、業務に全力で取り組む様子もなく、組織の問題解決にもエネルギーを注ごうとしませんでした。スティーブは彼を見限りましたが、そのことを後悔する結果となりました。そのチームメンバーはその後会社を離れ、別の会社で大きな成功をおさめたのです。

スティーブは二度とそのような失敗は繰り返さないと誓いました。では、実際にどんな対策をとっているのでしょう？　彼は現在、半年ごとに全従業員と面談を行い、彼らの成長について話をしています。みんなの能力を伸ばすために与えるべきものは何か、会社がチームの期待に応えられているかどうかを、従業員と共に話し合うのです。スティーブはさらにこう加えました。「この面談は、私たちが彼らに期待していることを共有する機会でもあります。また、みんなが仕事に対して腹を立てていないか、キャリアにおける成長を感じられない状態になっていないかを確かめてもいます」

部下に対して、自分や組織のために何をしてくれるかだけでなく、もっと大きな視点で目を向け、思いやりを示すリーダーの話は、いつも刺激的です。スティーブの場合、気づくのは少し遅かったかもしれませんが、自分の下で働く人々が持つ能力を発掘すること、そして最大限に発揮させることが、思いやりあるリーダーの重要な役割であると理解したのです。

多くの人は、自分の強みを信じてくれる相手、その強みを開花させてくれる相手を必要としています。彼らがベストな状態を発揮できるよう、彼らの内に秘められた力を解放しましょう。

実践 「本当の」思いやりあるリーダーシップの美学

部下がリーダーについていきたいと思うのは、リーダーが自分に目を向けてくれていると、リーダーといれば、最高の自分になれると感じたときです。時間を取って、部下が輝くための機会をつくりましょう。彼らの成長に必要なものが与えられているかを確かめましょう。そして何より、彼らを信じ、彼らの使命を見つけ出す手助けをしましょう。

思いやりあるリーダー▼ハイライト紹介

ダニエル・マッカラム（トレント・コンサルティング 創業者兼最高経営責任者）

●**インタビュー回**：エピソード49〝Leaders with Heart Speak the Future into the People They Lead［心で導くリーダーは、自分が導く相手に未来を見せる］〟

●**業界／専門分野**：IT、情報サービス

●**アハ体験**：トレント・コンサルティングを2010年に設立してから最初の数年、ダニエルは会社の急成長を目の当たりにしました。起業家である彼は、自分の会社が繁栄していることに胸を躍らせていましたが、会社の成長にはリスクが伴うことも理解していました。まさにその通り、2017年にはトレント・コンサルティングの企業文化は危機的な状況に陥りました。従業員は会社に対する信頼を失くしつつあり、ダニエルも自分のリーダーシップスタイルが経営幹部の共感を得ていないと感じていました。次の年、ダニエルは自分がリーダーを務める意義を再確認し、一旦足を止めて、従業員とのつながりを築く

ことにもっと多くの時間を割くようになりました。このときダニエルは、自分の存在意義が、日々人を大切にし、尽くすことであると気づきました。「私はリーダーを育て上げること、すべての人々にその機会を与えることに情熱を注いでいます。経済状況、人種、宗教、住んでいる地域は関係ありません。私たちは共に、世界に大きな影響を与えることができるのです」。彼が学んだのは、部下たちの強みを引き出すことが、会社の強みを引き出すために必要なステップであるということでした。一番大切なのは個人の成功であり、組織の成功はそれに付随するものなのです。

●思いやりあるリーダーシップの体現方法：第3章では、部下の強みを発掘することと、他の人が気づいていない組織のポテンシャルを見出すことの2つを取り扱いました。自分のリーダーシップスタイルを一新したダニエルは現在、この2つの挑戦に取り組んでいます。「リーダーを育てたいという願望は、人を愛し人に尽くすための、私なりの方法です。それが私が世界に与えられる一番大きな価値だと思うのです」とダニエルは述べています。会社の方針を従業員第一にした彼は、部下の強みを発掘することで、彼自身の人生がより意義あるものになると理解したのです。

●指針となる哲学：「従業員第一主義は『理想』ではなく『戦略』である」。従業員のことを、会社という包括的な巨大機械のなかの歯車と捉えるのは簡単です。しかし、実際には従業員は「会社そのもの」です。また、チームの成功を願うのであれば、従業員1人1人を最優先に考えなければなりません。ダニエルはCEOとしてのもっとも重要な責任を次のように考えています。「私は従業員が声を上げ、会社とチームの両方に訴える機会を与えなくてはならないのです」

第4章

部下を巻き込む

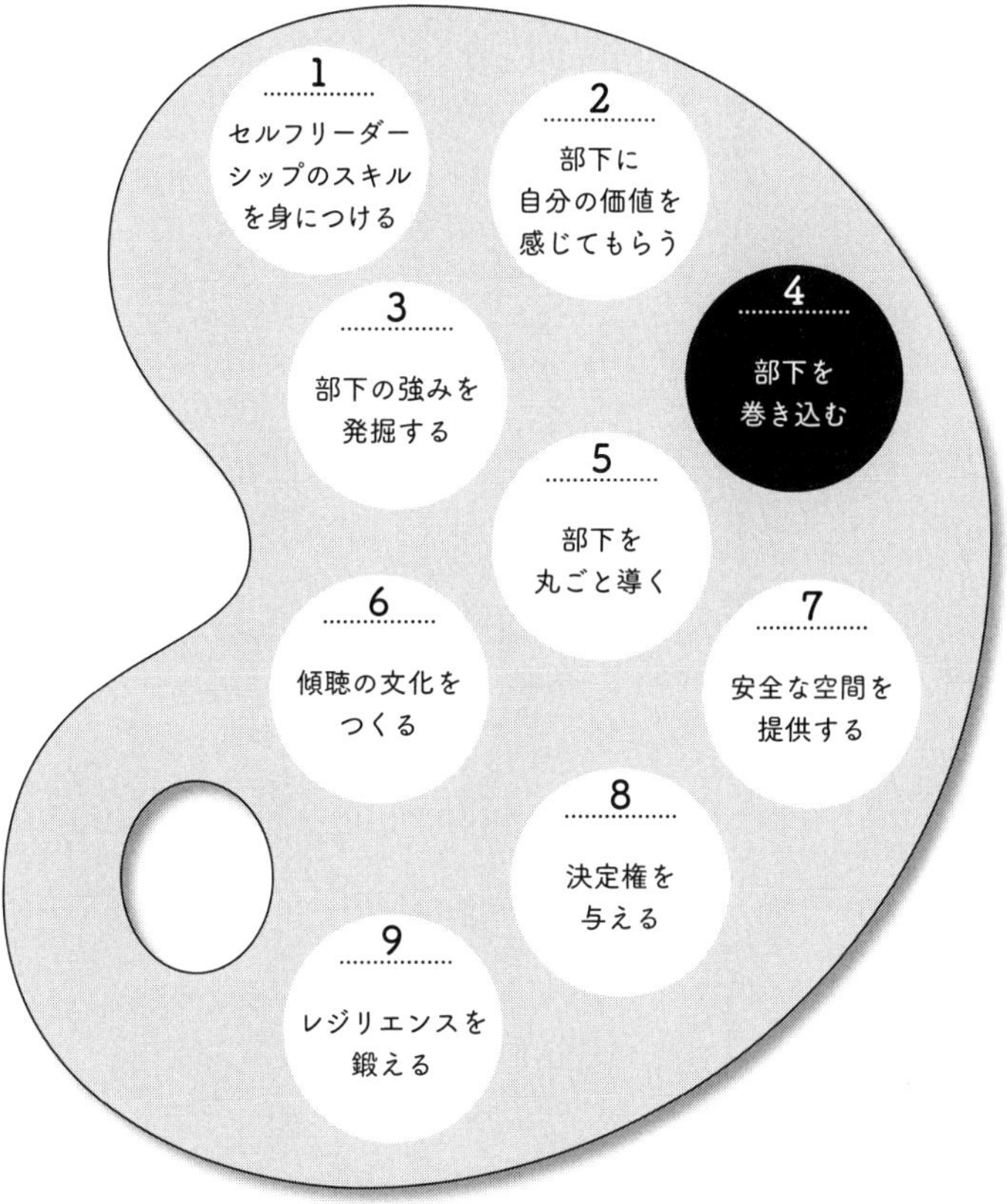

「思いやりあるリーダーシップ」フレームワーク

人と話し、人を理解し、勇気づけ、成長させ、人に頼ることが大切です。自分自身から生まれるものよりも、他者から得るもののほうが大きいのです。

ファーストバンク コンプライアンス責任者　ダニエル・ヴォーン

リーダーはしばしば、会社が直面している問題は自分1人で解決すべきだと考えがちです。しかし問題を周囲と共有すれば、自分1人で乗り越えなくてもよいと気づくでしょう。実際、直面している問題がどんなものであっても、それを乗り越えるときには部下を巻き込み、自分の弱さを見せれば、チームの結束は強くなります。問題解決に向けて彼らにも貢献できる方法があると知ってもらうこともできます。また、助けを求めることで、リーダーは完璧でないことを許されるのです。

助けを求めることを恐れず、自分の弱さを見せてはじめて、リーダーはチームに頼ることを学び、共により多くを成し遂げることができます。何より、自分も1人の人間なのだと示すことで、周囲はよりいっそうリーダーを慕うようになります。

カヌーの教訓

「人を導く」ことについて次男と話したことがありました。次男はアメリカ空軍士官学校の民間支援部隊である民間航空パトロールに所属しており、士官学校でも優秀な成績を修めています。しかし、何かを成し遂げるために人を頼ることを嫌うタイプです。自分の任務を遂行するために人と協力したり、人の力を借りたりすることが苦手なのです。

彼は休暇中に父親とカヌーをしに出掛けました。そして、帰ってきてからこういいました。「カヌーに乗るのってすごく緊張するね。どこへ進むにしても息をぴったり合わせて漕がないといけないから。じゃないと進まないか、後ろ向きに進んだり波に流されたりしちゃうんだよ」

「そりゃあ息を合わせないといけないにきまってるわ。2人で一緒に同じ方向へ進んだほうが、1人で漕いだり2人が好き勝手に漕いだりするより、ずっと遠くまで行けるもの。息を合わせないとどこにもたどり着けないわよ」と私は答えました。すると息子は、「それでも1人で乗るほうがましだな!」といったのです。

彼の発言はまさにリーダーが抱える苦悩の核心といえます。リーダーが何かを達成するためには、人と協力したり、人の力を借りたりせざるを得ないのです。実際、思いやりあるリーダーの特徴とは、周囲の人々をインスパイアし、チームで偉大なことを成し遂げる能力です。そのようなリーダーはいつもできる限り、周囲を巻き込んでいます。1人でも革新的な行動を起こすことはできますが、偉大な革新というのは、職場全体での協力やチームワークから生まれるのです。そのような環境を育成するリーダーは、職場でも、もちろん家庭でも、優れた能力を発揮しています。

私は息子の肩をぽんぽんと叩き、こう伝えました。「よく聞いてね。たしかにあなたは強い精神力を持ってる。頭もいい。問題を解決する能力にも優れてる。でもね、他の人の気持ちになって考えることも大切だわ。彼らの立場になって、完璧じゃない彼らを許してあげないといけないの。波に流されそうなとき、前へ進むためには、一緒にカヌーに乗ってる人と力を合わせなくちゃいけないのよ」。これは息子にとって大きなリーダーシップの教訓となりました。

チームを試行錯誤のプロセスや完遂すべきタスクに巻き込むには、メンバーにその仕事の負担を分け与えられるかが鍵となります。

負担させる

私は成功を目指して素早く行動するタイプです。また、思いやりある心で人を導くようにしています。しかし、猛スピードで行動しすぎるあまり、自分の能力の限界を超えてしまうこともあり、そのようなときには助けを求めることも難しくなってしまいます。一度立ち止まることができると、何もかも自分でコントロールしなければという気持ちを手放し、他人の手を借りられるようになります。これこそ私がうまく前に進むための唯一の方法なのです。私1人で負担を背負いこむのではなく、他の人にも背負ってもらうことが大切なのだと気づくことが多くありました。

コーラス・エンターテイメントの人事・広報部上席部長であるシェリル・フラートン氏は、この考えに一筆加えるように、周囲を巻き込むという彼女の哲学を語ってくれました。シェリルは、周囲を問題解決のプロセスに巻き込めば、「彼らは強力な助っ人となって問題を掘り下げ、よい結果を得る可能性を高めてくれます。また、彼らの思考力を育て、決断する際に、リーダー自身の考え方を改めるきっかけにもなります」といいます。解決策を出すためにチーム全体を巻き込むことは、非常に理にかなっています。

カナダ軍の兵站《へいたん》担当であり、コーチングコンサルタント会社ムービング・フォワード・リーダーシップで最高リーダーシップ責任者を務めるスコット・マッカーシー氏は、シェリルのいうプロセスをさらに拡大させ、自分の下で働く人々を「アフター・アクション・レビュー」[訓練中の行動や対応を訓練実施後に分析、検証すること]にも巻き込んでいます。問題が発生し、対応と解決がなされた際に、チームと共にアフター・アクション・レビュー、つまり結果報告を行い、問題の詳細、失敗の原因、うまくできたこと、今後の改善項目について話し合うという方法です。

スコットはこれを小さな失敗にも適用し、チームの学びの機会として活用しています。具体的には、そのミスをグループミーティングで取り上げ、ミスをした本人を含むチーム全体で率直に話し合い、次回はどのように改善できるかを探るのです。「そうすれば彼らは、2、3日前の自分よりも高いレベルでその問題に対処できるようになります」とスコットは語りました。厳しいやり方にも思えますが、このように開かれた場でチーム全体を巻き込むことで、ミスについて話し合う安全な空間が生まれるのです。

シェリルとスコットが示すように、周囲を巻き込めば、彼らの能力を伸ばすことができます。チームのフォーカスが高まるだけでなく、批判的な思考力やプレッシャーのある状況下で考える力を養うことができるのです。さらにその過程で彼らは、自分よりも大きな存在の一部として貢献できている、自分が大切にされていると感じ、自信を持つこともできるようになります。

意思決定や重要な仕事において、部下をうまく巻き込みたいのであれば、彼らが持つ独自の観点を取り入れることも大切です。

部下の観点を取り入れる

サウスウエスト航空のシニアマネージャーであるマーク・ネーゲル氏は、素晴らしい示唆を与えてくれました。「求める結果の80パーセントは、大抵、直面している問題からたった数メートル先のところに落ちています」。この発想は非常に大事です。

なぜリーダーは物事を自分のなかで解決しようとしたり、必要な答えを外部に求めようとしたりするのでしょう？　ほとんどのことは、仕事で最前線に立つチームメンバーと話し合えば解決するのです。彼らこそ、日々顧客の喜びの声や不満の声を聞いている存在なのですから。彼らはどのシステムやプロセスがうまくいっているのか、あるいは何が成功を遅らせているのかを知っています。彼らの観点を取り入れることが大切なのです。

アワー・レディ・オブ・ロレト・カトリック・スクールの校長であるアンドリュー・マクドナルド氏は、「我々」理論について話してくれました。「問題は私だけではなく、『我々』のものです！というからには、リーダーもその考えに沿って行動しなければなりません」。アンドリューは学校の問題について大きな決断を下すとき、チームメンバーたちと率直に話し合います。みんなにどう考えるかを尋ね、問題を乗り越えようとします。彼らをチームの大切な一員として扱っているのです。

プレスティージ・クリーナーズのデニス・テストーリ氏もまた、チームを相談役として、自分の考えについて尋ねたり、彼らの意見を取り入れたりしています。まず、チームと食い違う可能性がある自分の考えを書き出し、彼らの観点について考える時間を取ります。次に、自分の考えをチームに伝え、彼らのフィードバックを得ます。チームの意見が自分の意見とは異なるだろうと理解しているからこそ、彼らの観点に価値を見出しているのです。

キャリアにおける成功を目指すのであれば、求める成功の大きさにかかわらず、自分が人の上に立つリーダーとして何でも知っているわけではないと理解しておく必要があります。これは謙虚な人の特徴といわれることも多く、思いやりあるリーダーにとって極めて役立つものです。

コネクト・フォー・ヘルス・コロラドCEOであるケビン・パターソン氏は、自分の下で働く人々の考えは、彼らが組織のどの立場にあるかに関係なく価値があるといいます。「フロントデスク担当でも、電話応対担当でも、清掃員であっても、みんながリーダーは持っていない観点を持っています。……心を開いて耳を傾けなければなりません。なぜなら、欠けている小さなピースが何なのか、自分ではわからないからです。……そのピースこそ、本当の全体像を掴むために必要なものです」

私は周囲の観点を取り入れるために、チームで丸いテーブルを囲んで話し合うことがあります。オープンな頭と心でミーティングに参加するのは、彼らがどれほど仕事と密接に関わっているかを考えれば、彼らのほうがその問題についてより知っているとわかるからです。私が自分を隠すことなく弱さをさらけ出し、それでも問題は解決できると自信を持っていることを、彼らはとても評価してくれているようです。このプロセスが、私たちの絆を深めるのです。

部下の観点を取り入れることで、彼らの意見を大事にしていると示すことができます。また、人として彼らを大切にしていることも伝えられます。彼らに思いやりを示すまた別の方法には、チームの成功になんらかの形で貢献してもらうことがあります。

貢献を促す

法律事務所デイヴィス・グラハム・アンド・スタッブス有限責任事業組合の人事責任者を務めるディーディー・ウィリアムズ氏はこういいました。「1日の終わりに、自分が優れたリーダーでいられるのは自分の実力だと思っていてはだめです。自分と共に働いてくれる人々の貢献があってこそ、自分のリーダーシップがうまくいくのです。彼らは大きな役割を担っています」。チームメンバーにチームの成功に貢献してもらうには、彼らの強みを生かせる分野を任せることから、彼らの興味を惹くプロジェクトに一緒に取り組むことまで、方法はいくつもあります。

コロラド州規制当局の局長であるパティ・サラザール氏は、とても重要な会議が他の会議と重なってしまった際に、チームを頼り、彼女の代わりに出席してもらったことがありました。以前は自分1人で何とかしようとしていましたが、そのときは解決策を求めてチームの協力を仰ぎました。パティの行ったことは、さきほどアンドリュー・マクドナルド氏が述べていたことと同じです。自分の理解者であるチームに、自分が直面している問題を率直に話し、新たな観点を得ようとしたのです。パティはいいます。「リーダーが問題を乗り越えようとしているとき、仲間は喜んで足を踏み出し、リーダーのことを助けようとしてくれます。……大事なことは、チームを信頼し、問題を知ってもらい、助けを求める方法を学ぶことだけです。……仲間に助けを求めることを恐れないでください」

チームメンバーに代理を務めてもらい、彼らが貢献する機会を与えたことで、パティは会議重複のプレッシャーから解放されました。また、彼らに自信を持たせることもできました。彼女の行動は、単に仕事を割り振る以上に大切なことでした――乗り越えるべき仕事に周囲を巻き込んだのです。自分の弱さを見せ、チームを頼って一緒に解決しようとしたことで、パティは思いやりあるリーダーシップを実践できました。

ベイナーメディアの最高愛情責任者であるクロード・シルバー氏は、従業員と直接一緒に仕事をする方法として、共にプロジェクトに参加するよう頼むそうです。「私のほうから誰かを指名するか、『この戦略に一緒に取り組みたい人はいますか?』と尋ねます」と教えてくれました。

ディーディーもパティもクロードも、どんな方法で貢献してほしいかを具体的に伝えられたからうまく進んだと理解していました。1人で全部やろうとすると、リーダーは悲惨な結果を生んでしまう可能性もあるのです。その例を見てみましょう。

部下を巻き込まなかった場合

各インタビューで、私はリーダーたちに弱さをさらけ出してもらっています。彼らの多くがそこで初めて語るような、深く価値のある経験を共有してもらっています。私は彼らの話を引き出すため、完璧な答えは必要ない、カフェでの世間話と同じようなものだと安心してもらいます。さらに、ゲストと私がお互いをより知ることができるよう、親密な関係を築くための質問をするようにしています。私自身の未熟な行動や経験についても話します。そうすることで、彼らも自分を隠さず心を開いてくれるのです。このように、私も自分が理想とする行動を実践しています。

チームを巻き込まなかった例として、メンフィス市の最高人事責任者兼最高改変責任者であるアレックス・スミス氏のインタビューがあります。彼女は今の役職に就いたばかりの頃、初めて市議会に提出する予算編成を行ったときのことを語ってくれました。当時、彼女がリーダーとしての力量に不安を抱えていたことは否めません。だからこそ、彼女は自分1

人で予算編成を進めようとしました。遅くまで残業し、調べ物をし、チームを頼ろうとはしませんでした。その結果、市議会への予算提案でいくつもミスをしてしまったのです。幸い、チームメンバーがカバーしてくれたものの、その年の予算は10万ドル［約1千万円］も失われることになりました。

この経験が教訓となり、それ以来アレックスは、チームを巻き込むことを非常に大切にしています。彼らの知見を得るためだけでなく、彼らに「成果を出すために自分が役立っている」と感じてもらうためです。翌年の予算編成はまったく異なるアプローチを取りました。チームと密接に予算編成を行い、提案方法について研究を重ね、彼らにも予算提案プロセスに参加してもらったのです。その結果、アレックスと彼女のチームは前年よりもずっとうまく予算編成を行うことができました。

パシフィックノースウエスト国立研究所の上席業績管理責任者兼最高危機管理責任者であるジョン・ラフェミナ氏もまた、研究所の一大プロジェクトにおいてチームの助けや意見を取り入れず、同じような失敗を経験していました。ジョンは２５００万ドル［約25億円］を費やして新たな施設を建設しようという研究所幹部の計画を推進していたといいます。財政状況が悪化しつつあり、先の見通しも立たない時期でした。チームはそのような状況で計画を進めることに反対しましたが、ジョンはそのアドバイスを無視しました。「領域拡大とビジネスの確立にばかり目を向けていた」のです。

残念ながら、その新たな施設をオープンしたときには研究所の仕事はなく、業績回復までに2年を要しました。その過程で、ジョンは自分の弱さをさらけ出し、「どこで失敗したのかを認める」必要がありました。チームは彼を許してくれました。そしてジョンは、この問題を乗り切るためにはチームの助けを借りる必要があると気づいたのです。ありがたいことに、チームの助けを借りて研究所は業績を復活させることができました。当時を振り返ってジョンは「あの時期を乗り越えられたのは、時間をかけて彼らとの関係を積み上げ、信頼を築き、成功の基礎をつくったからだと思います」といいました。ジョンが思いやりあるリーダーとなれたのは、彼が不完全だったからではありません。むしろ、自分の過ちを反省し、失敗したあとにチームを巻き込んで解決策を出したからです。

これらの例はどれも、自分の仕事に周囲を巻き込む重要性を示しています。リーダーシップをとるのは大変な仕事です。リーダーは常に人に見られています。リーダーシップという旅路においては、できる限り周囲を巻き込むようにすることが、全員によい結果をもたらすのです。

実践 「本当の」思いやりあるリーダーシップの美学

人は誰しも、自分が意義ある仕事に貢献できていると思いたいのです。自分がいる環境に影響を与えていると思いたいのです。リーダーとして、部下を意義ある形で巻き込み、その気持ちを満たしてあげましょう。そうすれば、彼らはチームや組織の成功に向けて期待以上の働きをしたいと思うようになり、リーダーもその変化をすぐに感じられるでしょう。あなたは誰かにプロジェクトを任せていますか？　誰かと協力してタスクに取り組んでいますか？　どのように周囲の貢献を促していますか？

思いやりあるリーダー▼ハイライト紹介

ジェニファー・バトラー（インネート・ファーマ 上級副社長兼ジェネラルマネージャー）

●**インタビュー回**：エピソード6 〝Why Leaders with Heart Know That They Cannot Do It Alone［心で導くリーダーが、1人では成し遂げられないとわかっている理由］〟

●**業界／専門分野**：医学（バイオテクノロジー）

●**アハ体験**：ジェニファーは70人で構成される営業チームのマネジメントを任されたことがありました。それまで営業チームのマネジメント経験がなかった彼女は、いうまでもなく不安に駆られました。しかし、敢えて自分の恐れを隠そうとし、助けを求めるのではなく、過剰なまでに自信たっぷりに振る舞おうとしました。その役職に就いてからわずか半年後、ジェニファーはチームメンバーから、「あなたが不安を感じていること、それを必死に隠そうとしていることはわかっている」というフィードバックを受け取りました。しかし、それは彼女への尊敬の念が薄れたという意味ではありませんでした。むしろその反対だったのです。ジェニファーの人間らしさは彼らをインスパイアしていました。彼らはジェニファーのビジョンを信じていると、ただ自分たちも一緒に取り組ませてほしいと、そうすれば一番よい形で彼女の助けになり、経験不足を補うことができると伝えたのです。ジェニファーはこう振り返ります。「もし私が心から彼らを導いていれば。人としてもチームとしても大切にしていると示していれば。彼らの能力や自信を育てるようサポートしていれば。彼らにはすでに素晴らしい能力があり、私はただ新たな観点をもたらすためだけにいると理解していれば。そうすれば、私はもっとうまくやれていたでしょう」。

この経験をきっかけにジェニファーは、プロジェクトや意思決定プロセスにチームを巻き込むようになりました。まったく新たな支援体制を発見したことで、自分のリーダーシップスタイルを次のステージへと高めることができたのです。

●思いやりあるリーダーシップの体現方法：本章では、なぜリーダーが自分の弱さをさらけ出し、助けを求めて正直にチームに頼ることで、より多くを達成できるかについて説明しました。ジェニファーの経験からは、周囲に対し正直である必要性が浮き彫りになりました。また、そのように自分を隠さず向き合うことで、周囲との絆が深まることもわかりました。ジェニファーは、偽の自信を装い、仕事をすべて1人で背負いこもうとしても、結局そのリーダーシップは不安に基づくものであり、最終的にどんな目的も達成できないと述べています。「恐れや不安に基づいて人を導こうとしても、誰も導くことはできません。自分に自信を持ってこそ人を導くことができるのです」。必要なときには助けを求めることで、自信をより確実なものにすることができます。

●指針となる哲学：「ありのままのフィードバックを貴重なギフトとして受け取るべし」。フィードバックを受け取っていなければ、ジェニファーは自分の不安を隠し続けて、助けを求めようとはしなかったかもしれません。しかし彼女は、自分に差し出された建設的な批判を真摯に受け止めたからこそ、完璧な自分でなくてもよいのだと気づき、結果としてチームとより親密な絆を築くことができたのです。彼女は今もこの信条を胸に、リーダーシップの旅路を歩んでいます。

第5章

部下を丸ごと導く

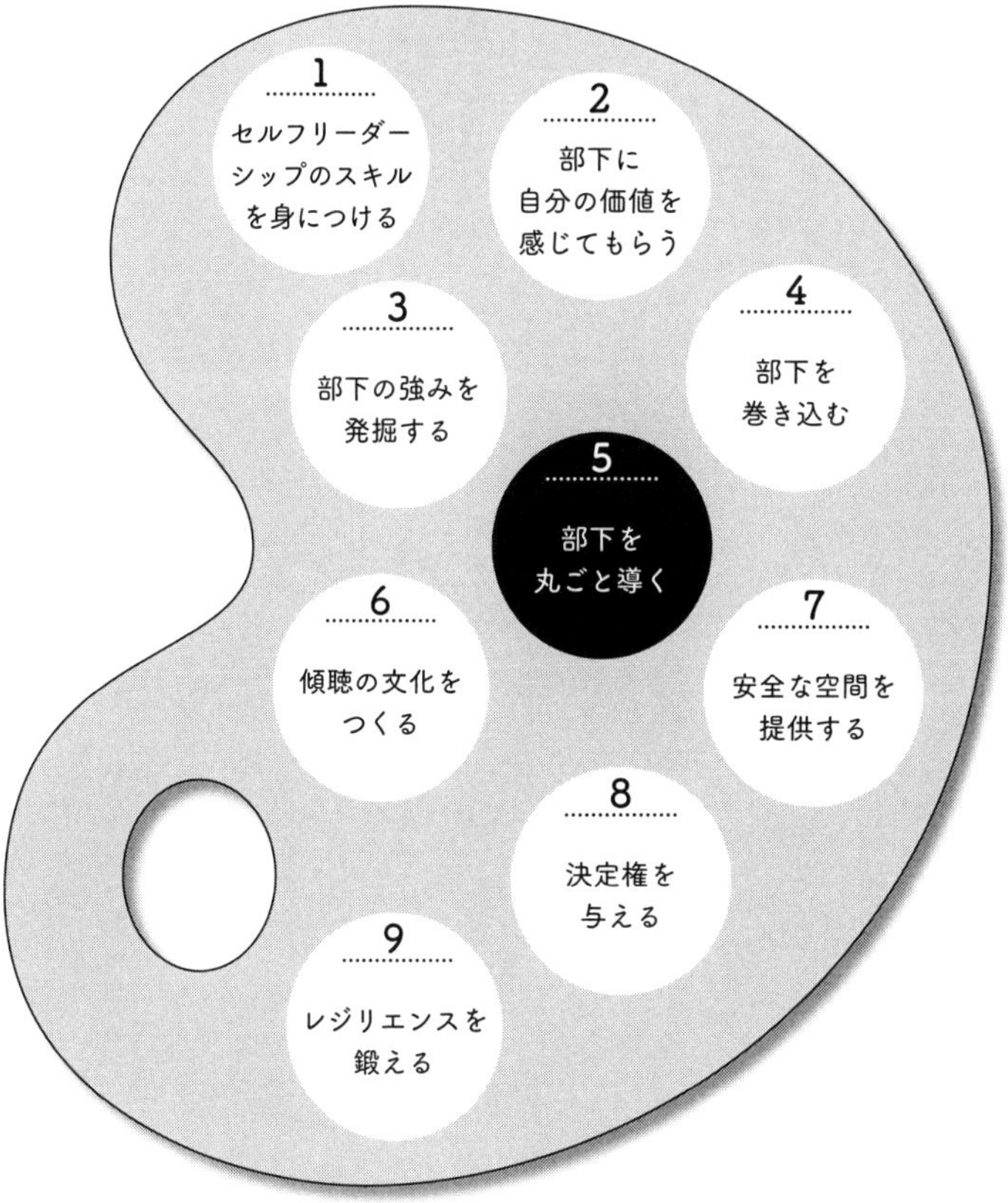

「思いやりあるリーダーシップ」フレームワーク

従業員には、ありのままの姿を職場で見せてもらいたいのです。頭と体だけで働くのではなく、アイデンティティや直感、精神、感情、そして互いの絆を見せてもらいたいのです。

ア・ヒューマン・ワークプレイス 創業者兼CEO ルネ・スミス

多くのリーダーが、「職場内でのパフォーマンス」という狭いレンズでのみ従業員を見ており、彼らも1人の人間で仕事以外の生活があるということに思い至りません。思いやりのあるリーダーは、仕事以外の生活で起きていることも含め、従業員の人生全体を考慮する必要があると考えています。たとえば、メンタルヘルス面の問題を手助けする、子どもとの関わり方の相談に乗る、さまざまな個人的問題について手を差し伸べる、などです。心で導くリーダーは、相手のことを考える際、その人に起きている問題を切り離すことはしません。むしろ、彼らの置かれている状況に寄り添って、さらに成長するための手助けをします。

「丸ごと導く」というのは、相手の思考、体、精神、感情に目を向けるということです。私生活や仕事において、人の能力を伸ばすもの、あるいは妨げるものは何でしょうか？　部下は職場でも安心して家庭と同じような振る舞いができているでしょうか？　リーダーは本当に彼らのことを知っているのでしょうか？　それとも彼らの表面的な部分しか知らないのでしょうか?

少し前、コロラドの美しい山のなかで行われた集いで、女子中学生たちの引率をさせてもらったことがありました。このときもっとも楽しかったのは、少人数でのグループセッションでした。私の担当したグループは中学1年生と2年生が混ざっていたのですが、その多くが私の息子と同じクラスになったことのある子たちで、私は彼女たちの成長過程を知っていました。ですから、彼女たちも私には気楽に接してくれました。

質問したり、答えたりするなかで、私はリーダーシップの重みをありありと感じました。信仰、自分のアイデンティティ、何をもっとも大切にしているかについてなど、私はたくさんのことを尋ねました。彼女たちの答えは純粋かつ率直なものでした。自分がわからない、自分が嫌いだという子もいました。世界のために何かをしたいと思ったとき、自分にできる一番よいことは何だろうと悩む子もいました。私は彼女たちの思いに応えたいと思いました。そのためには、思いやりを示し、彼女たちの答えに心が痛んだとしても、自分を強く保ち、何より彼女たちに寄り添うことが大切でした。自分の感情や経験とは切り離して、1人1人の思いを理解する必要があったのです。彼女たちの話を聞くにつれ、涙がこぼれそうになりました。悲しいことに、ほとんどの子が、自分には価値がない、心が満たされていない、居場所や行き場がないと感じていたのです。

ポッドキャストや記事でいつも私が語っているのは、相手がリーダーに弱さを見せてくれたとき、リーダーもまた自分の人間らしさを見せる必要があるということです。実のところ、女子中学生たちに導かれていたのは私のほうでした。彼女たちはお互いの話に真摯に耳を傾け、共感を示し、思いやりあるリーダーシップを実践していました。

あの週末、私は「相手を丸ごと導く」ことの本当の意味を知りました。そして引率を終えたとき、彼女たちが自分の不安や疑問や悩みを、誰にもジャッジされることなく安心して口にできたと感じました。この若者たちが求めていたのは、自分が自分らしくいられる場所、人と違う自分の一面もすべて受け入れてもらえる場所だったのです。

私は彼女たちと過ごした時間と感謝を一生忘れません。これからも彼女たちのことを微笑ましく思い、彼女たちに幸せが訪れることを願っています。彼女たちがこの地球で与えられた使命を、ありのままの自分で楽しみながら成し遂げてくれればいいなと思います。

人を導くとは、非常に重大な責任を伴います。リーダーは、問題や解決策を求める人々に頼られることが多いのです。

丸ごと導く理由

信頼関係は、寄り添うことによって築くことができます。リーダーが相手の置かれた状況を理解していると示すことで、相手もまたリーダーに寄り添ってくれるようになります。部下たちは、安心感を得たい、職場でも自分らしさを最大限に発揮したいという欲求を心の底に抱えているので、それぞれが抱える心の重荷も含めて受け入れ、共感を示し、彼らが大切にしているものにしっかりと目を向けようとすれば、その気持ちは伝わるのです。人はそのような信頼関係によって成長し、周囲の手本となり、リーダーやチームの成功に必要なことを進んでするようになります。

セント・ピーター・ルーザラン・チャーチ・アンド・スクールのトム・ディーツラー氏は、部下をより深く理解する方法として、「マネジメントのために」彼らの様子を見て回るのではなく、「関係構築のために」見て回ることを提唱しています。彼らを見て回り、様子をうかがうことで、彼らのそのときどきのニーズを満たしてあげるというのです。トムはこういいました。「それが彼らとの信頼関係を築くのです。……そうすると何か問題が起こっても、彼らはリーダーがどっしりと構えて冷静に対処してくれるだろうと信じられるのです。……彼らに自分を知ってもらい、自分も彼らを知ることで、深い信頼関係が生まれます」

部下を丸ごと導くために信頼を築くのは非常に大切です。リーダーの下で働く人々は、リーダーとの信頼関係を築いてはじめて、自分のことをもっと共有しようと思います。信頼がなければ、否定的な反応を恐れ、本当の自分を隠したいという気持ちが働きます。そうなると、彼らの本当のポテンシャルを引き出し、才能を開花させることができなくなります。

部下を丸ごと導くことで、リーダーは最高の状態を発揮し、相手にも同じように最高の自分になってもらえます。ヴァリダス・セルラー・セラピューティクスのCEOであるイーサン・マン氏は、こういいました。「あなたの下で働く人々が、もう少し柔軟な対応をしてほしいと頼んできたとき、それに応えてあげられないのなら、あなたは二度と本当の意味で彼らをサポートすることはできないでしょう」

リーダーは信頼を築き、サポートの機会を1つたりとも逃してはなりません。部下が自分を頼ってきたら受け入れることです。彼らのすべてに向き合う覚悟が必要です。彼らのありのままの姿を心から受け入れることです。

リーダーから受け入れる

人は誰しも、生まれ落ちて親の腕に抱かれたとき、欠点も含めて自分のすべてを受け入れてもらいたいと思っています。ありのままの自分を見てもらいたい、ありのままの自分で愛されたいという深い欲求があります。メリアム・ウェブスター英英辞典の定義では、**受け入れられる**とは「好意的に思われ、承認される」ということです。(注1) つまり、人として本当の意味で受け入れられていると感じられないと、それは自分のすべてが拒絶されていることと同じなのです。

23歳の頃、イスラエルでの夏季研修と巡礼から戻ってまもなく、私は祖母と電話で話をしました。その電話の内容は愕然とするもので、思い返すたびに、私は家族の一員として完全に受け入れられていないのだと痛感することになりました。私はエルサレムやアラブ地域、キブツ［イスラエルの社会的・経済的な集団共同体］で過ごした素晴らしい時間や、そこで出会った素敵な人々について祖母に話していました。しかしそのとき私のいったひとことが――何をいったのかはもう思い出せませんが――祖母の怒りを爆発させてしまったのです。何が彼女の逆鱗に触れたのか、祖母はそれまでの人生で耳にしたこともなかったようなひどい言葉で私を罵り、最後にこういいました。「お母さんの結婚相手があの男じゃなければ、あの父親の血を引いていなければ、あんたももっとましな人間だっただろうね！」なんてことをいうのでしょう！　言い合いののち、私は電話を切りました。ありのままの自分を受け入れてもらいたいと何年ももがいていましたが、この祖母との会話で、私は自分を完全に受け入れてもらうことなど不可能なのだと思い知りました（これについては第9章の「私がレジリエンスを得た理由」で詳しく述べます）。

これまでの多くのインタビューのなかで特に心に刺さったのは、コーエン・アーキテクチュラル・ウッドワーキングの創業者兼社長であるフィル・コーエン氏との会話です。彼は本当の思いやりあるリーダーシップとは何かを教えてくれました。フィルは多くの人が雇おうとはしない人々を雇い、受け入れる寛容さを持っています（本章末尾「思いやりあるリーダーハイライト紹介」参照）。部下を丸ごと導くというリーダーの責任について、彼はこのように語りました。「チームを導くリーダーとして、アドバイザーとして、生徒として、上司として、責任者として、部長として、経営幹部として、私たちが理解しておかなければならないのは、人はみな……それぞれの人生経験に基づく、個々に違ったものの見方をしているということです。彼らを従業員として雇うということは、彼らの過去を受け入れるということです。その過去の経験を置き去りにはできないのです」

受容的な企業文化を育てる必要性について、フィルはこういいました。「私はCEOとして、従業員の結婚生活を破滅に追いやることさえできると理解しています。カウンセラーやセラピストや牧師が夫婦の関係を修復するよりも容易いことです。ただ彼らをストレスに満ちた状態で家に帰らせるだけですから。だからこそ、彼らが満ち足りた気持ちで家に帰ることができるように全力を尽くさなければならないのです」。フィルは従業員へのサポートとして、金銭管理や自己啓発、健全で幸せな家庭の築き方についての講習を受ける機会を与えています。彼のチームメンバーは、財政的に厳しい従業員がいれば包みを手渡すことさえありります。フィルは部下を丸ごと導くために、人々を表面的に判断することなく、彼らの可能性に心を開いているのです。

テクノロジーコンサルティングの中堅企業であるグレイストーン・テクノロジーで人事部長を務めるサラ・ベルナール氏は、部下がリーダーの前で見せるすべての側面に目を向けることについて、こう語ってくれました。「もし家庭で問題を抱えていたり、子どもが体調を崩したり、夫が悩んでいたり、とにかく家庭の状況がうまくいっていなければ、私だって毅然とした態度で仕事に臨むのは難しいと思います。……私は自分と共に働いてくれる仲間の可能性に賭けていますし、彼らに幸せになってほしい、成功してほしい、成長してほしい、いつもいい気持ちでいてほしいと心から思っています」。フィルと同じように、サラもまた自分の下で働く人々のすべてを大切にしています。部下が常に自分のすべてを表現できるようにすることで、フィルもサラも思いやりあるリーダーシップを実践しています。

どこまでいっても私たちは1人の人間です。人材コンサルタントの小企業アセンブル・エイチアールで創業者兼最高変革責任者を務めるジル・カッツ氏は、こう述べました。「私たちと共に働く人々が、自分のすべてを仕事に持ち込まないようにしている限り、生産的なことは何もできません」。場所によって見せる自分を使い分けるべきだという考えは、不健全な環境を生み、自信の欠如につながり、つながりを失う要因となります。そのような状態で繁栄できるチームや組織はありません。

問題の多くは、リーダーが自分の個人的な話や感情をチームに持ち込みづらいと感じていることです。その要因の1つとして、リーダーは自身の個人的な部分を他者に共有することを恐れているのです。何年も前の話ですが、私が管理職として新たなポジションに就いたある日、チームに知っておいてもらうべき個人的な話をしました。すると、チームの1人が大きな声でこういったのです。「驚きましたよ！　前の上司は、奥さんと離婚したことすらほんの数年前まで話してくれなかったのに！　それも、離婚判決が確定したあとになってですよ」。前任の上司がチームに隠しごとをしていたこと、弱さをさらけ出していなかったことに、私は驚きました。自分の弱さを見せることは当たり前だと思っていたのです。チームのみんなは、私のことがもっとわかり、ありがたいといってくれました。第2章「部下に自分の価値を感じてもらう」で述べたように、リーダーはチームを前進させるような選択的共有と、チームのモチベーションやパフォーマンスに影響を及ぼす過剰な共有、この2つのちょうどよいバランスを見極めなければなりません。

部下をありのままに受け入れることが、部下を丸ごと導くためには欠かせません。ここにさらに加えたい重要な一筆は、「部下の立場になって」寄り添うことです。

共感と同情を示す

数年前、地方自治体でカスタマーエクスペリエンスのマネジメントを担当したことがありました。私はカスタマージャーニー［顧客が商品やサービスの購入に至るまでの行動プロセス］全体に影響を与えられる新しい機会に胸を躍らせていました。しかしまもなく、この役割でできることは限られていると気づきました。フラストレーションの溜まる仕事であったことは否めません。ある日、私のフラストレーションを察した上司が、突然オフィスを訪れ、にこにこ笑いながら私の向かいの椅子に座っていったのです。「フラストレーションも溜まるでしょう。リーダー陣に邪魔されて、自分の力を発揮できないと感じているんじゃないですか。1つだけ覚えておいてほしいのは、私たちがあなたを雇ったのは、まさに今あなたがしてくれている仕事をしてもらうためです。あなたには本当に感謝しています。だから肩を落とさないで、ね？　忍耐強くこの仕事に取り組んでもらえればと思います。お疲れさま、頑張ってね！」本当に嬉しい言葉でした。彼は同情と共感を示して私に寄り添ってくれました。私の状況に気づいて、「大切にしている、価値を認めている」と伝えてくれたのです。それは思いやりあるリーダーシップの究極の形でした。

リーダーシップにおいて、共感と同情は必要不可欠なスキルです。この上司は、その両方を示すことに卓越していました。メリアム・ウェブスター英英辞典は、**共感**の意味を「相手の過去あるいは現在の気持ち、考え、経験について、それらを客観的に明白な形で言葉にすることなく、理解し、気づき、敏感になり、相手の身になって感じること」と定義していま す。[注2] また、**同情**については「相手の苦悩を哀れむ意識、またその苦悩を和らげてあげたいと思うこと」と定義しています。[注3]

この2つの思いやりの形は過小評価されることが多いものの、ときには過剰になってしまうこともあります。共感と同情は私のもっとも大きな強みですが、それは私が幼少期の頃に、ありのままの姿で接してくれる、あるいは本当の思いやりを向けてくれるのは誰か、反対にいつも自分のことしか考えていないのは誰かを見極める能力が培われたからです。私のマネジメントキャリアにおいて、共感と同情はいつも役に立ちましたが、ときには他者の痛みに寄り添いすぎたことや、その痛みを和らげようと必死になりすぎたこともありました。

35歳頃までの私は、自分を必要としてくれる人の支えになろうとしすぎて疲れてしまうことがありました。彼らの助けになりたかったのですが、共感と同情の示し方を選ばなければ自分が擦り切れてしまうと気づきました。そこで私は、共感を示し、ときにはその共感に基づいて行動しつつも、友人が困難な状況に置かれているからといって、自分にそれを解決する義務はないと考えるようになりました。また、第1章の「セルフケアを実践する」で述べたほとんどのことを実践し、自分自身を思いやり、満たすことに集中しました。これらがすべてパレットの絵の具のように混ざり合うことで、思いやりあるリーダーシップは実現されます。

部下を丸ごと導くにあたって、共感と同情は非常に重要です。エコノミック・デベロップメント・コアリション・オブ・サウスウエスト・インディアナの理事長兼CEOを務めるグレッグ・ワーゼン氏は、この共感力と同情心を発揮して、彼の下で働く人々のニーズに応える方法を模索しています。「腰を据えて、その人の気持ちになって考える時間を取るようにしています。……そのような時間は、自分が対処すべき問題を理解し、部下が経験していることを理解し、どうすれば彼らを前に進ませられるかを理解するのに役立ちます。しかし、実際には、彼らと話し尋ねないことには、本当のことはわかりません」

ローズ・コミュニティ・ファウンデーションのプログラム部長であるベニルダ・サミュエルズ氏もまた、周囲に寄り添うための第一歩として思慮深いプロセスを取り入れ、そこに彼女自身の経験を交えています。「もしも誰かが電話をかけてきて、『今日は在宅勤務でもよいでしょうか、子どものことで問題があって、託児所で預かってもらえないのです』と相談してきたとして……、そのような状況は私にもよく理解できますし、それ以上のストレスを彼らに与える理由はありません。自分にも同じような経験がありますし、状況はいずれよくなると知っていますから。だから、彼らにもいつもそのように伝えています」

相手の気持ちになって考えることに力を注ぐグレッグや、自分の貴重な経験を生かしているベニルダに加えて、マディソン大学ウィスコンシン校のリッチ・ガッセン氏もまた深い共感力を発揮していました。リッチは、高校のフットボールコーチとしても活動するあるメンバーが、選手の親とうまくコミュニケーションがとれていないことに気づき、手を差し伸べました。第1章で紹介した通り、リッチは自分自身のために教育や研修の機会を設けていますが、周囲にも同じような機会を提供しているのです。

リッチは彼に、フットボールコーチとして役立つ講座をいくつか受けさせました。「その状況にもっとうまく対応できるようにしてあげたかったのです。彼はコーチとして早い段階から問題を抱えていましたから」。リッチは、仕事以外の場でもチームメンバーの助けになることが、仕事上のチームのためにもなると理解しています。

グレッグ、ベニルダ、リッチはみな、自分を頼ってくれる相手に対し、共感力と同情心を完璧な形で組み合わせて発揮していました。どのように相手の痛みや状況を察知するかだけではなく、その苦悩を和らげるためにどんな行動を取るかを教えてくれました。部下を丸ごと導く別の方法に、彼らの生活の細部に注意を払うということがあります。細かな部分を見落としてしまうと、適切な方法で導く機会を見逃してしまうことが多いのです。

細部に注意する

部下を丸ごと導くとは、数値で測れることではなく、1人1人と関係を築き、彼らの生活の細部――彼らの好きなもの、嫌いなもの、一番大きな夢、一番恐れているもの、今抱えている問題など――にしっかりと目を向けるということです。セールリティクスの営業部長アンディ・ブックス氏は、こう語りました。「リーダーの存在意義は、部下と個人的なレベルで関わり合い、部下を突き動かすもの、部下のモチベーションとなるものを理解することです。たとえば、能力を発揮して組織のトップに立ちたいと思っている人がいれば――それこそが大切なことだと考えるのです。リーダーは、彼らがそこにたどり着くためのツールを与えられる存在でなければなりません」

ムーブメディカルで最高顧客責任者を務めるマレオ・マクラッケン氏は、「リーダーシップとは対話であり、どれほどうまく人を導けるかは、どれほどその対話がうまくいっているかに懸かっている」と述べました。マレオによれば、部下のニーズ、要望、願望に応えるためには、彼ら1人1人に合わせた対話をしなくてはならないそうです。そのためには、部下のコミュニケーションスタイルや好みの傾向を見定める必要があります。DiSC®［自分や他者の行動特性、思考特性を測る行動分析アセスメントツール］のようなフォーマルアセスメントを活用したり、もっと彼らのことを知ろうと努めたりすることが大切です。その部下は話すことが好きな多弁な人でしょうか？　それとも単刀直入に本題に入りたいタイプでしょうか？

マレオがいうように、部下と対話する方法を誤れば、彼らを戸惑わせ、築いてきた信頼を失ってしまう可能性もあるのです。

さきほど紹介したアンディ・ブックス氏は、彼の会社の副社長の例を紹介してくれました。その副社長は、部下の生活の詳細を心に留め、適切なタイミングで引き出せれば周囲に思いやりを示せると理解していました。ある日、アンディたちは新規顧客との商談を控えていましたが、商談を開始してすぐに、その顧客の妻と子どもが、実は数日前に交通事故に遭っていたと知りました。

その副社長はこういいました。「商談を進める前に、まず大事なことを確認しておきますね。ジョーさん、ご家族の具合はどうですか？　お子さんは大丈夫ですか？　みなさん無事ですか？」　顧客は事故について簡単に説明し、最後に「お尋ねいただきありがとうございます」というと、副社長は「今日お話できて、みなさんが無事と聞けて、本当によかったです。一番大事なのは、仕事よりも生活のことですからね！」と答えました。この会話はアンディに大きな影響を与えたものであり、相手の大切なことを引き出して思いやりを示した素晴らしい例でもあります。副社長はこの新たな顧客に対して思いやりを示し、周囲も真似できるよう手本を示したのです。

カリフォルニア州立大学フラトン校で警察長を務めるレイ・アギーレ氏は、本当の思いやりと心遣いを示すことが、業績や信頼の向上につながると考えています。チームメンバーの生活で起きていることや、自分の思いやりが伝わっていることを確かめるために、彼は次のような行動をとっています。

- ミーティングや会話を始めるときには必ず、メンバーの調子や、メンバーの生活で起きていることを尋ねる。メンバーの家族が体調を崩しているときには、その家族の具合も尋ねる。仕事上の表面的なことだけでなく、もっと深いレベルでつながりを持つ。
- 自分の部署に所属するメンバー1人1人にバースデーカードを贈る。
- メンバーの家族が亡くなったときや、メンバー自身が入院しているときには、彼らのもとを訪れて花を贈る。

コロラド・コアリション・フォー・ザ・ホームレスの最高人事責任者であるT・レナータ・ロビンソン博士は、自分の組織で働く人々のために行動することについて、このように語りました。「ホームレス支援団体で働く彼ら自身にもホームレスの経験があり、それぞれがトラウマを抱えています。また、彼らが対応するお客様もトラウマを抱えています。問題は山積みです」。レナータは職員に「たくさんの愛情とたくさんの思いやり」を注いでいるといいます。彼らが苦しい状況にあるときには、休ませたり、リモートで働けるようにしたりすることもあるそうです。簡単な役割ではありませんが、レナータの中心にあるのは「関係を築き、人々を支えること」なのだそうです。

マレオ、アンディ、レイ、レナータはみな、心で導くリーダーが本当に存在するのかという疑念を払拭してくれます。自分の下で働く人々を受け入れ、彼らの人生で起きていることに共感を示し、彼らの生活の細部にまで注意を払っています。そうすることで彼らに寄り添っているのです。

では、リーダーが周囲に目を向けず、感情的知性を働かさなければどうなるのでしょう。その例を紹介します。

セカンド・チャンス

従業員向けの給与前払いプラットフォームを運営するインスタント・フィナンシャルで人事部長を務めるヘザー・ヒーブナー氏は、自分のリーダーシップについての後悔を語りました。彼女は直属の部下たちと電話で毎週ミーティングを行っていたのですが、1人の部下がいつもフラストレーションを抱えていました。会社の財源は圧迫されており、人事部のサポートもほとんど受けられない状況で、ヘザー自身もストレスを抱えていました。その部下と電話で話すたび、ヘザーは会話をよりポジティブな方向へと持っていこうとするばかりで、話を深く聞いて不満を解決する糸口を探ろうとはしませんでした。その結果、ある日の電話で揉めたあと、そのチームメンバーは会社を辞めてしまったのです。

ヘザーはその部下との会話を後悔していました。「私は部下に寄り添うことができていませんでした。今になって思えば、もっと早くに不満を解消させる方法を見つけるべきでした。電話のたびにポジティブに考えさせようとするのではなく、『どうすればこの会社で働くことに誇りを持てるようになると思う？』と尋ねればよかったのです。……私たちはリーダーとして、問題解決の糸口を見落としてしまうこともあります」。ヘザーは完璧なリーダーではありませんでしたが、完璧なリーダーなどいないのです。それ以降の彼女のリーダーシップについては後述します。

数年前、（第1章でも紹介したように）私の勤めていた会社は合併の過渡期にありました。その状況は悪化しつつあり、リーダー陣の多くが従業員に情報を共有していませんでした。その結果、従業員のあいだでは憶測が飛び交い、不信感が蔓延しました。当然、従業員は仕事を失うことを恐れていました。残念ながら合併はうまくいっておらず、組織のリーダー陣はリストラを決行しました。比較的高い給料をもらっていた私は1度目のリストラ対象となり、私が退職したあともリストラは数回にわたって行われました。それは苦い経験ではあったたものの、自分が重要な存在であることには変わりないとも感じることができました。というのも、リストラの話を持ちかけた上司は、私に心から寄り添ってくれましたし、人事部もサポートや相談の機会を提供してくれたからです。

実は、さきほど紹介したヘザー・ヒーブナー氏こそ、その合併会社の人事統括を担っていた方なのです。ヘザーは私に4人の子どもがいることは知っていましたが、リストラの2週間前に夫が仕事を辞め、失業保険で家計を賄っていることは知りませんでした。そこで彼女が取った行動とは、それからの3カ月間、会社のCOBRA〔退職後も勤務先の団体保険を一定期間継続できる制度。ただし全額自己負担のため保険料は高額となる〕に私たち一家を追加するというものでした。しかも、その保険料を負担してくれたのです！

リストラ前まで、ヘザーと私はただ同じ名前を持つだけの、特に親しい仲ではありませんでした。しかしあのとき以来、彼女が私の家族のために行動してくれて以来、私たちは友人となったのです。さきほどヘザー自身が語った後悔と相反する例を紹介したのは、そのような失敗経験があったとしても、彼女はやはり思いやりのあるリーダーなのだと伝えたかったからです。思いやりあるリーダーシップに必要なのは、日々よりよい自分になることです。完璧である必要はないのです。あのときヘザーは、私のニーズを無視することだってできました。しかし彼女は私に寄り添い、思いやりを示してくれたのです。縁とは不思議なもので、ヘザーのおかげで私は自分の使命を見つけることができ、従業員ロイヤルティについて自身初の著書を出版することとなりました。そして、その推薦文を書いてくれたのもヘザーでした。

実践 「本当の」思いやりあるリーダーシップの美学

私たちはみな、ありのままの自分を見てもらうこと、受け入れてもらうことに喜びを感じます。過去の自分も含めて理解してもらいたいのです。早速チームメンバーと話す時間を取り、話を聞きましょう。調子はどうか、障害となっているものは何かを尋ねましょう。

思いやりあるリーダー▼ハイライト紹介

フィル・コーエン（コーエン・アーキテクチュラル・ウッドワーキング 創業者兼社長）

●**インタビュー回**：エピソード69 〝Leaders with Heart Invest in the Potential of Their People［心で導くリーダーは、自分の下で働く人々のポテンシャルに投資する］〟

●**業界／専門分野**：建築（木工業）

●**アハ体験**：フィルが自分の過去を清算するまでには長い年月を要しました。コーエン・アーキテクチュラル・ウッドワーキングを創業する以前のフィルはホームレスで、薬物乱用の問題を抱えていました。治療の一環として木工に着手した彼は、まずは小さな仕事から始め、心の平穏を得るようになりました。じきに会社は勢いを増し、大きな仕事も依頼されるようになり、それ以来、彼は後ろを振り返ることなく進み続けました。今では会社は70人の従業員を抱え、17平方キロメートル弱もの敷地面積を有しています。しかし、フィルはリーダーとして、自分の壮絶な過去を忘れたわけではありません。本物のリーダーになるためには、自身の苦くも意義ある人生経験や、そのなかで得た多くの教訓を伝える必要があると考えています。フィルは従業員を採用するときに、その人のすべてを見ると話いいます。「創業時からずっと、過去に問題を抱えた人々を雇うようにしてきました。彼らはみな私のような人々——過去に重い罪を犯した人、薬物を使用していた人、トラウマを経験してきた人、教育を受けられなかった人です。……私は彼らにこう伝えるようにしています。『あなたがこれまでどのような人生を送ってきたかは関係ありません。過去にけじめをつけ、強い職業倫理観を持ち、自分の人格を成長させる努力をしている限り、私たちはあなたが望む場所へたどり着けるよう手を差し伸べます』と」。チームメンバー1人1人のすべてに目を向け、チャンスを与えることで、フィルは個々に異なる長所や高い感情的知性を持つ、多様性あるチームを築き上げています。生い立ちや過去の過ちによって他者を差別することなく、むしろ、そのようなネガティブな側面を進んで受け入れ、ポジティブな方向へ変えているのです。

●**思いやりあるリーダーシップの体現方法**：第5章では、思いやりあるリーダーは部下との関係を最大限に生かすために、彼らのすべてに目を向ける必要があると紹介しました。「すべて」とは、アイデンティティや過去、個人的な生活を指します。フィルは日常的に周囲に目を向けながら、職場とはかけ離れたところで起きている問題についても、従業員とのつながりを保っています。オープンに語り合うことを歓迎するフィルは、「従業員のためのオリエンテーションを半日行い、お互いのことを共有する機会を設けている」といいます。相手を丸ごと（ただの従業員としてではなく）導くことで、それぞれが能力を最大限に発揮できるようインスパイアしているのです。

●指針となる哲学：「過去の過ちではなく、ポテンシャルで従業員を評価すべし」。フィルはインクルーシブな採用方法によって、相手の長所に目を向けようとしています。他の人が与えないようなチャンスを与えることで、最終的にはフィル自身の人生にも、木工業を超える新たな目的が生まれました。「私がここにいるのはすべて、人々の人生を変えるため、そして彼らの家族に変化をもたらすためです」

第6章

傾聴の文化をつくる

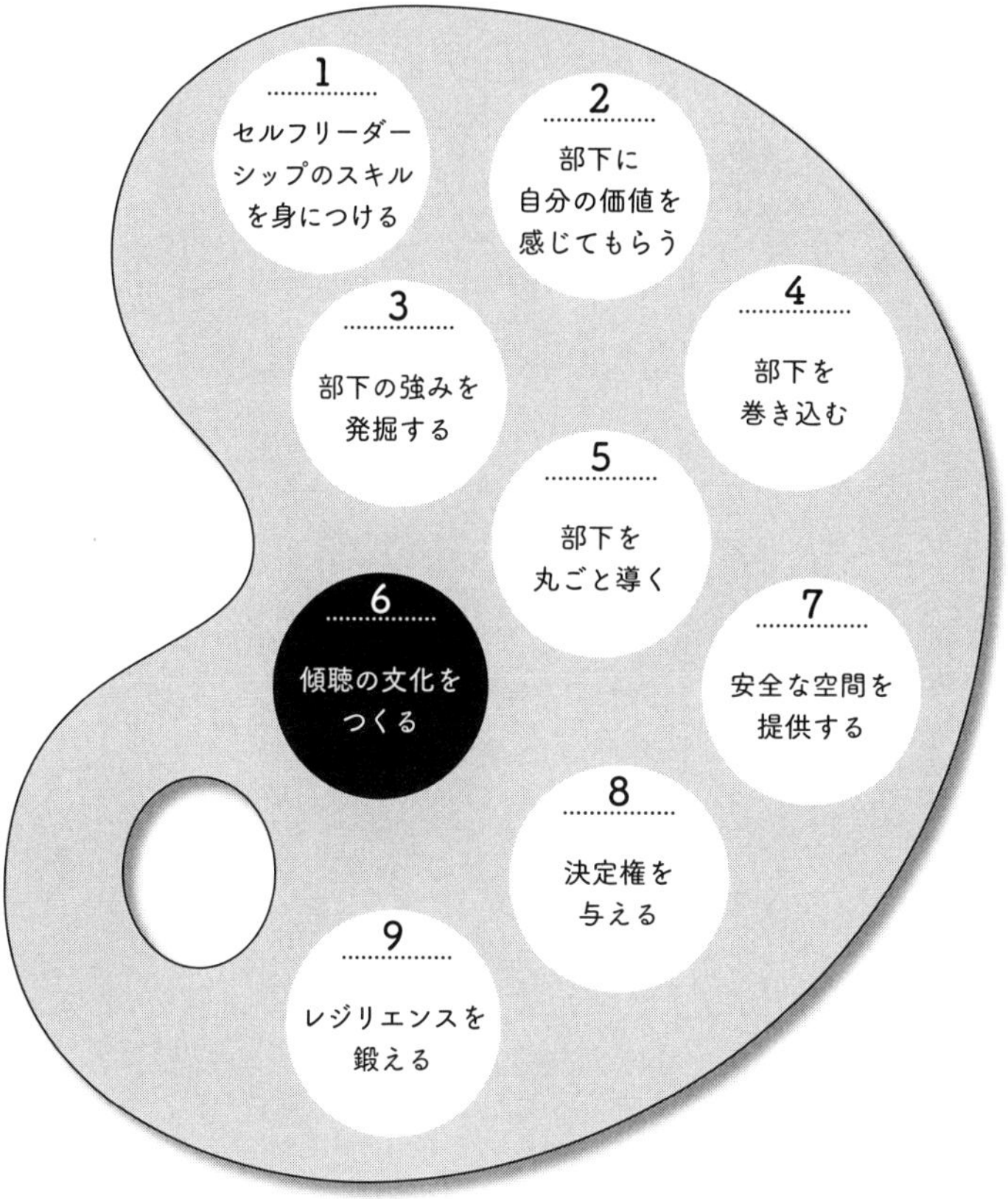

「思いやりあるリーダーシップ」フレームワーク

どんな立場の人も、自分の声を聞いてもらえている、自分は無視されていないと感じられるよう努めています。

アトリウム・ヘルス人材獲得部 部長補佐　ダンソニー・ティレリー

耳を傾けることは、誰にとっても――特に思いやりあるリーダーにとっては――必要なスキルです。しかし多くの場合、きちんと耳を傾けるというのは、口で言うよりもずっと難しいものです。その証拠に、多くの組織で耳を傾けるスキルが不足しています。話の内容に興味がないのか、集中できないのか、忍耐力がないのか、面倒くさいのか、理由はたくさん考えられますが、なんにせよ私たちは耳を傾けようと語るばかりで、耳を傾ける文化をつくる最良の方法を模索し、追求しようとしていないことが多いのです。

なぜ耳を傾けることが大切なのでしょう？　私たちはみな、生まれながらにして自分の声を聞いてもらいたいという欲求を持っています。私たちの声は、私たちを私たちたらしめる、非常に重要な要素なのです。頼った相手が耳を傾けてくれなければ、人は自分のすべてを受け入れてもらえていないように感じます。そんな環境では、満たされた気持ちになることはできません――自分の仕事には大した価値がない、周囲の人々は自分のことを気にかけていないと感じてしまうのです。

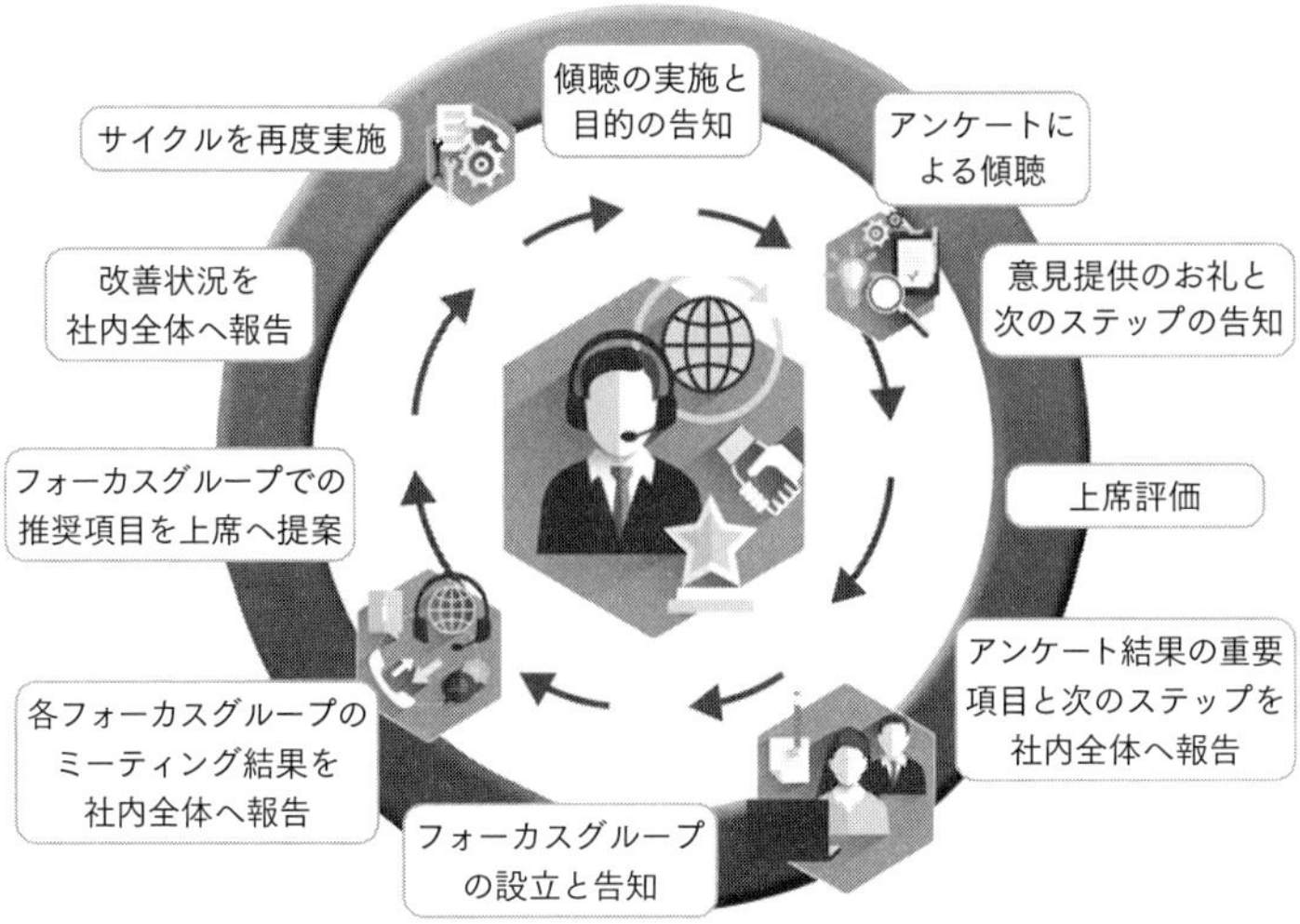

図｜傾聴サイクル

思いやりのあるリーダーは、コミュニケーションが双方向に働き、レスポンスやサポートが得られるような文化をつくります。周囲の声を生かして、従業員みんなにとってよりよい職場環境を生み出しているのです。そのようなリーダーは、ただ耳を傾けるだけでは不十分なことも理解しています。自分の要望や意見が、たとえ少しのあいだでも反映されると知ったときにこそ、従業員は自分に自信を持つことができるのです。

耳を傾ける文化には、私が「傾聴サイクル」と呼ぶプロセスが必要です（図参照）。これはリーダーが積極的に耳を傾け、得られた意見を咀嚼し、場合によってはその意見に基づいた行動を取り、そのフィードバックをくれた人々に報告するというものです。傾聴サイクルに終わりはありません。声の力を理解すれば、終わらせようとは思わないでしょう！

組織において耳を傾けるアプローチは3つに分かれます。まず、業績評価プロセスの一部として、またそれ以外の場面で、チームメンバーと一対一で定期的な面談を予定し、実施します。次に、チームミーティングや全体会議で、チーム全体の意見に耳を傾けます。最後に、アンケートやフォーカスグループ、カルチャーチーム、インタビューなどを活用し、組織全体に耳を傾けます。

耳を傾ける最初のステップは、相手を理解しようと努めることです。そのためには積極的に耳を傾けます。組織単位では、傾聴サイクルの実践でそれが可能になります。個人レベルで実践すべきことは、ベイナーメディアのクロード・シルバー氏がこう説明しました。「決まった答えのない質問をするのがよいでしょう。そうすれば、相手が本当にいいたいことを拾い集めることができます」。まずは相手を理解しようと努めながら積極的に耳を傾けること、さらには彼らの意見を反復することで、彼らは自分の意見が聞いてもらえている、大切にされていると感じることができます。

理解しようとすること

積極的に耳を傾けるときは、話し合うテーマを事前に決めず、サービス精神を持って、相手を理解しようとすることです。アルマの上席改革プログラムマネージャーであるアーリーン・メンドーサ氏は、鋭い見解を述べました。「理解しようと耳を傾けることは、ただ耳を傾けることとはまったく異なる動きです。相手が伝えようとしていることを引き出し、理解できるかが大事なのです」。理解しようと努めることと対極にあるのは、意見を求めたり要望やニーズを考慮したりせずに、相手に影響を及ぼす決定をしてしまうことです。

セルフ・エスティーム・ブランズの共同創業者兼CEOを務めるチャック・ラニアン氏は、周囲の意見を取り入れそびれる経験をしていました。チャックが共同創業した会社は当時めざましい成長を遂げていて、彼ももう1人の創業者もスピーディーに動いていました。ある日のフランチャイズ会議で、チャックは大きな計画の始動を発表しましたが、事前にフランチャイズオーナーたちの意見を取り入れることを怠っていました。結果としてこの新計画は、フランチャイズオーナーたちの支持を得ることができませんでした。

そのときチャックは、重要な決断をする前には必ず、最前線にいる利害関係者全員の意見をうまく取り入れなければならないと学びました。彼はこういいました。「全員の考えを理解しようと努めるのが最初の一歩です。全員を納得させる方法はありませんが——そうしようとすれば悲惨な結果を生んでしまいますが——みんなの意見に耳を傾け、理解したうえで、なぜ会社がこの方向に進もうとしているのかをきちんと説明できなければならないのです」

チャックは今では、自分を頼ってくる周囲の意見を取り入れるようにしています。繰り返しになりますが、思いやりあるリーダーは完璧な人間ではありません。ただ、人よりも感情的知性が高く、相手の懸念を察知し、心遣いと優しさを示して応えているのです。チャックの失敗談からは、そのことがよくわかります。

サラ・B・コンサルティングの創業者兼社長であるサラ・ビーレンバウム氏は、以前に勤めていた会社の急成長期を振り返ってくれました。彼女のチームは当時、部署間コミュニケーションや部署内コミュニケーションに関する不満の声を報告しており、そのなかでさまざまな改善案を出していました。サラは同僚と共に次のステップを熟考し、その同僚が改善案を上層チームにプレゼンテーションすることになりました。ところがプレゼンテーション当日、同僚が出席できなくなり、急遽、サラが代役を務めることになったのです。

残念ながら、サラはそのプレゼンテーションを台無しにしてしまいました。というのも、その改善案がもともとは「チームの」アイデアだと触れず、マネジメント陣のアイデアであるとして、自分たちマネジメント陣はこれからどうすべきか、最良の選択が何であるかをよく理解している、と述べたのです。その瞬間、サラはチームの熱意がネガティブな方向へ傾いたことを察知しました。ミーティング後、自分の取るべき行動に気づいたサラは、チームのメンバーたちと一対一でミーティングを行いました。「次のステップに進めるのは、みんなからもらったフィードバックのおかげだ」と伝えていなかった自分の過ちを認めたのです。そして、自分がどこで間違ってしまったのか、彼らの意見を尋ねたのです。

心を開いてフィードバックを求めたことで、サラはそれを手にすることができ、チームの声にもっとうまく耳を傾けられるようになりました。彼女はこの経験を「よいリーダーになるための1カ月にわたる講習のようでした」と語りました。

私自身もかなりのスピードで動くタイプで、プロジェクトを次から次へと出たり入ったり、考えもころころと変わります。そのせいで、ときには周囲のみんなが置き去りにされた気持ちになることがあります。あまりにも速く動きすぎている自分に気づくこともよくあります。そういったときは、一旦スピードを緩め、自分と一緒に歩んでくれているみんなに目を向けるようにしています。彼らの声や考えを取り入れなければならないと理解しているからです。いつもうまくやれるわけではありませんが、常に心がけています。とはいっても、私もチャックやサラのように、行動を起こす前に周囲の人々を理解するよう、改めて努めなければなりません。思いやりのあるリーダーは、これらの行動を実践したうえで、耳にした意見を反芻しています。

耳にした意見の反芻

得られたすべてのフィードバックを反芻することで、その内容を咀嚼し、必要に応じて取るべき行動を決めることができます。1人で反芻してもよいですし、チームと共に行ってもよいでしょう。対応が早すぎると、その情報の有効性や代替案を考慮していないということにもなりかねません。逆に反芻から対応までの時間がかかりすぎると、みんなの関心を失ってしまうこともあります。つまり周囲からのフィードバックに対して、適切なタイミングで、かつしっかりと考え抜いて応えることが、信頼の構築と維持には欠かせません。

私はさまざまな団体と協力して強力な傾聴サイクル（**図**参照）をつくり出し、その結果として従業員の声が適切なタイミングで聞き入れられ、反映されるようにしています。何千件もの従業員意識調査のコメントを読み、100件近いフォーカスグループに出席してきた経験から学んだのは、従業員は自分の意見に価値があり、リーダーが自分のフィードバックを考慮してくれていると感じたときに、より熱意が持てるようになるということです。

従業員の声に耳を傾けることは必要不可欠ですが、一方で、どのフィードバックに基づいて行動するべきかをリーダーは見定めなければなりません。ケッチャム・ロンドンのCEOであるジョアン・ロバートソン氏はこう説明しました。「得られたフィードバックすべてが絶対に正しいと考えているわけではありませんが、それでも常に耳を傾けるようにしています。耳を傾けたうえで、そのフィードバックが適切なものであるかどうか、対応すべきものかどうかをよく考えます」。周囲のフィードバックから目を背けがちなリーダーにとって、これは重要なポイントです。

というのもリーダーは、すべての声に応えなければならないと思うがゆえに、そもそも意見を受けつけないことがあるからです。私の経験から言えるのは、従業員も大人だということです。さまざまな部署が会社を動かしていて、なかには自分が関与していない部分もあるということ、そのため自分の要望がすべて叶えられるわけではないということは、従業員もちゃんと理解しています。ただし、彼らのフィードバックに対して何かしらの行動を取れば、彼らの声に価値を見出していることを伝えられます。

行動で肯定する

耳にした意見に対して何も行動しなければ、傾聴サイクルを十分に実践できているとはいえません。従業員に耳を傾ける方法はすでに紹介した通りですが、耳を傾けることはしても、行動に移そうとしないリーダーがたくさんいます。行動を起こさなければ、従業員の信頼や関心を失ってしまいます。

受け取ったフィードバックすべてに対応したり、フィードバック通りに物事を変えたりすべきという意味ではありません。行動を起こさないと決断するのであれば、その前にしっかりと考え抜く必要があるということです。コネクト・フォー・ヘルス・コロラドのCEOであるケビン・パターソン氏は、部下からフィードバックを受け取ったとき、彼らと共にそのフィードバックを精査するそうです。ケビンはまず「みんなの意見をちゃんと理解できているか確認させてください」と切り出し、フィードバックに応えようとします。そのなかで、過剰な約束をしないようにしつつも、彼らの声に耳を傾けていることを示すのです。ケビンはこのメソッドが効果的であることを実感しています。彼の部下たちはしばしば彼のもとを訪れて、「私の意見を聞き入れてくれたんですね。ちゃんと変わっているのがわかります」と伝えてくれるそうです。

ケビンは自分の下で働く人々の意見を尊重《リスペクト》しているのです。彼らの声を軽視せず、慎重に検討して行動に移しているのです。

ケビンのような行動によって、従業員は自分の意見を聞いてもらえた、大切にしてもらえたと感じます。ここからさらにもう一歩踏み込んで、フィードバックをくれた相手に対し、常に点と点を結ぶ姿勢を示すことで、相手の自信と自尊心を増幅させることができます。

点と点を結ぶ

点と点を結ぶというのは、リーダーがフィードバックのなかで耳にした点と、それについてどう対応するかという点を、しっかりと結びつけて伝えるということです。つまり、従業員のフィードバックに直接結びついた行動を取る際には、いつもそのことを――その行動が彼らのフィードバックと直接結びついていることを――伝えなければなりません。そうしなければ、彼らの声には力があること、そして組織の成功はチームの努力にかかっていることを示す機会を失ってしまいます。簡単なことだと思われるかもしれませんが、実は驚くことに、多くのリーダーがフィードバックをくれた相手に対し、その後の対応をほとんど報告していないのです。この双方向のコミュニケーションが欠如しているからこそ、多くの従業員はアンケートやフィードバックセッションに参加してくれないのです。

シー・スペースの最高人事・執行責任者であるフィル・バージェス氏は、思慮深く点と点を結び、従業員が自分の意見を認めてもらえていると感じられるようにしています。彼の傾聴プロセスは次の通りです。

- 私はみんなの意見に耳を傾けるよう真摯に努め、その結果としてどのような行動を取るべきかを考えています。点と点を結んで彼らに示せば——彼らとの会話があってこそ私と上司の会話があり、従業員の幸福度に関連したイニシアティブやダイバーシティ&インクルージョンの進展が生まれているのだと理解してもらえれば——会社が前に進んでいることを彼らにも実感してもらえると思います。このプロセスを行えば行うほど、リーダーが何か失敗してしまったとしても、みんなに許してもらえるようにもなるのです。

フィルとの会話でもっとも心を動かされたのは、彼がよりよい自分になろうと模索し、その方法として周囲を巻き込み、全体像をよく考え、部下に適切なバランスで思いやりを示そうとしていたことです。点と点を結ぶこと、つまり、継続的で戦略的なコミュニケーションを取ることは、耳を傾ける文化を守るためにリーダーができるもっとも大事なことです。このような文化をつくることで、思いやりあるリーダーの行動は、思いやりある組織の行動へと発展するのです。

実践 「本当の」思いやりあるリーダーシップの美学

私たちは生まれたときから自分自身の声を聞くことが大好きで、導きや安心や愛情を求めて頼る相手が、自分の言葉に反応してくれると喜びを感じます。リーダーは部下に、声を聞いてもらえていると感じさせる力があります。もっと頻繁に、そして積極的に、彼らの声に耳を傾けましょう。耳にした言葉を反復し、きちんと理解できているかを確かめましょう。そこには驚くような発見があるかもしれません。

思いやりあるリーダー▼ハイライト紹介

チャック・ラニアン（セルフ・エスティーム・ブランズ 共同創業者兼最高経営責任者）

●**インタビュー回**：エピソード77 "Leaders with Heart Understand That There Is an Emotional Investment to Being a Leader［心で導くリーダーは、リーダーであることは心の投資を伴うと理解している］"

●**業界／専門分野**：健康、ウェルネス［心身の健康に基づき豊かな人生を実現できている状態］、フィットネス

●**アハ体験**：ただの小さなベンチャー企業の創業者であった頃の自分と、今のグローバルフランチャイズのCEOである自分とでは、リーダーとしてのあり方がまったく違うとチャックはいいます。会社が急速な成長を遂げて成功する過程で、彼はリーダーシップに関する数えきれないほど多くの教訓を学び、数百人もの従業員をうまく導くための終わりなき挑戦に向き合うことになりました。自身の考え方が変わるきっかけとなった経験につい

て、チャックは「2009年の年次会議で大きな計画を発表したのですが、事前にフランチャイズオーナーの意見やフィードバックをほとんど取り入れていませんでした」と告白しました。彼は自分たちの行動が「あまりにアグレッシブで、あまりに急ぎすぎていた」といいます。彼自身、会議に出席していた人々の空気が受容的ではないことを感じ、トップの経営陣もすぐに反対意見を述べ始めました。この問題の根本は、チャックが会社全体の意見に耳を傾けられていなかったことにありました。結果的にその計画を中止せざるを得なくなったチャックは、さまざまなフランチャイズオーナーと改めて話し、彼らのフィードバックに耳を傾けました。彼らの懸念やアイデアを聞き入れる姿勢を示したチャックは、すぐにこのプロジェクトを再編し、会社全体から全面的なサポートを得ることができました。現在のチャックは、周囲に心を開いて耳を傾けているといいます。「大抵の場合、計画を立てるのはチームであって、私たちはさまざまなビジネスを目にしてきた者として、あくまで彼らの相談役となってサポートするだけです」。リーダーとして積極的に耳を傾けることを重視する彼は、周囲から生まれるイノベーションを目にし続けています。

●思いやりあるリーダーシップの体現方法：本章では、なぜ耳を傾ける文化がすべてのリーダーの成功に必要かを紹介しました。耳を傾けなかったことによるチャックの失敗談からわかることは、従業員は自分の声にきちんと耳を傾けてもらえないと感じる環境では、リーダーをサポートしようとは思わないということです。今のチャックは、耳を傾けることが従業員の心を満たし、仕事に対する熱意を持たせる秘密兵器であると知っています。「創業者は発案者で、リーダーはみんなのアイデアを応援するチアリーダーです」とチャックはいいました。みんなのアイデアを応援するためには、まずは心を開いて、耳を傾けなければならないのです。

●指針となる哲学：「リーダーの仕事とは、チーム全員の声に耳を傾ける時間を取り、そこから最良のアイデアを取り入れることである」。耳を傾ける企業文化から恩恵を受けるなかで、チャックは自分の仕事が根本的に変化したといいます。「チームは優れた能力と頭脳を持っています。私の仕事は彼らの素晴らしいアイデアをすべて取り入れること、それからそのアイデアを整え、実行するために必要なリソースを確実に揃えることです」。従業員にどれほどの能力があっても、それを生かさなければ無駄になってしまいます。もっとも影響力を持つのがリーダーの声ではなくても、それを恥じる必要はないのです。

第7章

安全な空間を提供する

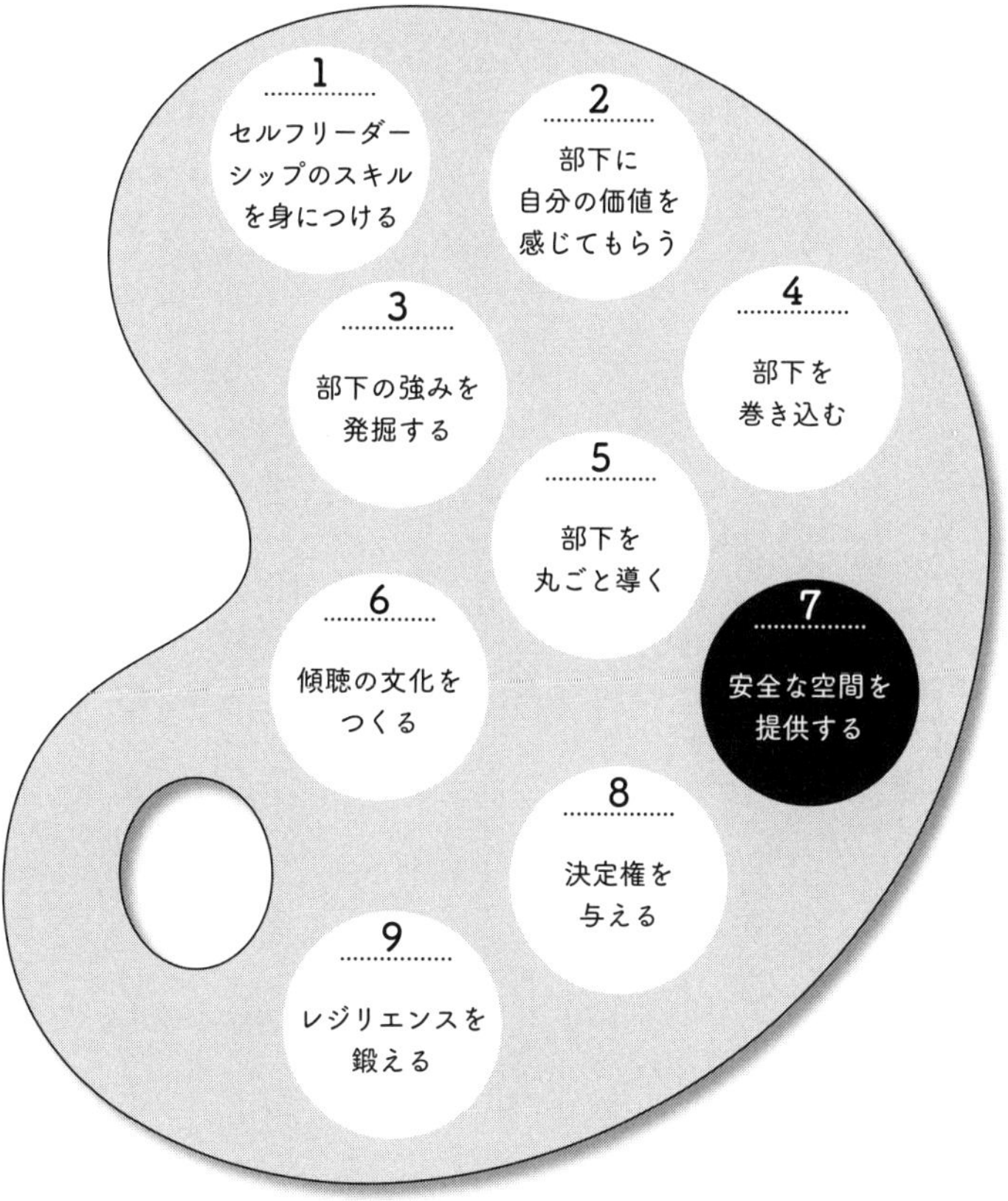

「思いやりあるリーダーシップ」フレームワーク

自分たちのために安全な空間が用意されていると、みんなに信頼してもらわなくてはなりません。そうでなければ、何もかもが停滞します。

アンプリオ・リクルーティング 創業者兼CEO　クリス・チャンシー

私がこれまで行ってきたリサーチのなかで共通している問題は、従業員が攻撃や報復を恐れて、本当の意見や、主流に逆らうアイデア、不快感をおぼえることについて、安心して口にしたり話し合ったりできない場合があるということです。思いやりを持ったリーダーは、従業員が心理的安全性を得ることができ、無意識の差別――マイクロアグレッション――から守られていると感じられるような対話の場をつくります。

ここでの安全な空間とは、部下が不安を感じたり嘲笑されたりすることなく、自由に意見や悩みを口にできる場のことです。この章を読めば、本書のすべての章が互いを基にして成り立つものであり、相互関係にあることがわかるでしょう。第5章では部下を丸ごと導く重要性について述べました。第6章では耳を傾ける文化をつくることで部下は自分が大切にされている、自分の声を聞いてもらえていると感じられると述べました。これら2つはどちらも、まずは安全な空間をつくらなければ成し遂げることができません。そして、安全な空間をつくろうとするのであれば、まずは信頼関係を築かなければならないのです。

スタートは信頼関係の構築から

従業員が自分の意見を述べたり、疑問を投げかけたり、反対意見を提示したりできる安全な空間をつくるには、その場にいる人々や組織全体に対する信頼が必要です。リーダーは役職名だけで信頼を得られるわけではありません。周囲をどのように扱い、どのような気持ちにさせたかによって信頼を得ているのです。スリー・フライツ・エイチアールのCEOを務めるシェリル・シモンズ氏は、インタビューのなかでこう話しました。

部下の信頼を得て、部下のためにそのような安全な空間をつくり出せば、物事が脇道に逸れ始めても、彼らが手を上げて教えてくれるでしょう。あなたならうまく対処してくれると信じているから、あなたが彼らや会社のためにベストな行動を取ってくれると信じているからです。……しかしこれには、意識的に部下とそのような関係を構築すること、信頼という名の銀行口座をつくり、時間をかけて貯金をしておくことが欠かせません。そうすることで、彼らも安心してあなたのもとを訪れ、話し合うことができるようになるのです。

クオンタム・ワークプレイスの調査によれば、上席リーダーや経営幹部に対して自分の感情を率直に表現している従業員はわずか39パーセントでした（注1）。信頼とは築き上げるものであり、思いやりあるリーダーはそのために、自らが積極的に行動しなければならないと理解しています。裏を返せば、信頼関係が築かれて従業員のほうからフィードバックを得られるようになれば、リーダーと彼らの関係は非常に強いものであることがわかります。

フェローシップ・オブ・カトリック・ユニバーシティ・スチューデンツの資金援助担当者であるメリッサ・イオヴィン氏はこう話しました。「チームメンバーが安心して弱さを見せられるように、信頼関係と互いに対する尊敬の念を育まなければなりません。私と部下についていえば、互いに強い尊敬の念を抱いていますから、彼らの問題を何か指摘したとしても、私が攻撃しているわけではないとわかってもらえます。その指摘はお互いにとってベストな結果につなげるためのものであり、敬意と安心感の上に成り立つものです」

安全な空間をつくる方法には具体的にどのようなものがあるでしょう？　これまでのキャリアのほとんどをチームのマネージャーとして過ごしてきた私は、部下が安心してありのままの自分をさらけ出せるように、さまざまなトピックについて自分の考えを口にできるように、3つのことを継続的に行ってきました。

1. 一対一の面談でもチームミーティングでも、チームメンバーからフィードバックをもらったときは、積極的に耳を傾け、決断が必要なときにはその意見を取り入れるように心がけました。そうすることで、チームメンバーは戦略に自分の意見が反映されていることを知り、引き続き自信を持って発言することができました。また、私が彼らの意見を大切にしていることも伝えられました。

2. 自分の考え方や振る舞い方について、自ら笑いの種にすることがしばしばありました。1つには、私が自分の行動はすべて正しいと思っているわけではないとチームメンバーに知ってほしかったから、もう1つには、決して失敗することのない完璧な存在としてではなく、1人の人間としてありのままの私を見てほしかったからです。このように自分の弱さを見せたことで、彼らとの距離が縮まりました。

3. 私は相手の気持ちに共感し、相手の状況に寄り添うことができます。この2つの強みは、私がリーダーシップという旅路を歩むなかで非常に役に立ちました。多くの人々は、自分と同じ気持ちになってくれる人、自分の置かれた状況に寄り添ってくれる人と関わり合いたいと思っています。これらのスキルを伸ばせば伸ばすほど、他の誰にも頼れないような状況でも、私は頼ってもらえることがわかりました。それを当たり前だと思わず、自分の得た気づきを生かして、彼らによりよい経験をしてもらうことが必要だと考えていました。

安全な空間を提供する別の方法として、相手に敬意を示しつつ本心を語ることが求められる、さらには称賛されるような文化をつくることが挙げられます。

本心を語る習慣

私が感銘を受けたのは、ジーアンドディー・インテグレイテッドのCEOを務めるP・ジョセフ・オニール氏の本心を語ることについての哲学です。ジョセフは「本心は私たちの世界で広く受け入れられるものでなくてはならない」と信じており、自分の考えについてこう語りました。「人は自分が思うことを口にしてよいのだと知ったときにこそ、非常によいレスポンスをしてくれます。ただし、口にする内容にかかわらず、敬意《リスペクト》を忘れてはなりません。すべての会話が円滑で、楽しくて、心地よいものだとは限りませんが、それでもリーダーが本心を語れば、あるいは語ることによってこそ、互いに尊敬の念を示すことができるのです」

本心を語るのは簡単なことではありません。リーダーはしばしば、チームメンバーに完璧な存在だと思われている、といった大きな誤解をしていることがあり、そのような場合には本心を語ることがさらに難しくなります。自分は完璧な存在なのだと本当に思い始めてしまったり、完璧でない自分を知られることを恐れたりするからです。そうなると、多くのリーダーは本心を語る文化をつくることに怯えてしまいます。ジョセフはそのような文化を進んで受け入れるべきであると、また、そのような文化は尊敬に満ちたものでもあると話しました。

オープンな対話のための安全な空間をつくるには、あまり発言をしない人や自分の考えを心に留めがちな人に、人前であれ人の見えないところであれ、積極的に発言を促すことが欠かせません。

発言を促す

オスカー・ヘルスの人材戦略部長を務めるラトーヤ・リン氏はインタビューのなかで、誰かに誘われなければミーティングに参加してはいけないとずっと感じていたと語りました。彼女はアフリカ系アメリカ人女性で、記憶にある限り、ミーティングに呼ばれないことが多くあったそうです。ある日、彼女はもう勝手に参加してしまおうと思い立ちました。そしてそのままミーティングに参加した結果、何が起こったかというと――何も起こりませんでした。怒鳴られることも追い出されることもなかったのです。この話を聞いて私は、みんなを話し合いの場に招くことについても深く考えさせられました。

ラトーヤのように「とにかく行ってみよう」精神を持てる人は少ないと思いますが、そもそもみんながこうして話し合いに参加できるような環境を、私たちリーダーがつくらなければならないのだと思います。自分の気に入っている相手、あるいは自分と同じ人種や文化の相手に声をかけるのは簡単なことです。しかしそこからさらに踏み込んで、明確な形でもそうでなくても、全員を話し合いに招き入れる必要があるのです。

サウスウエスト航空――人事改革／従業員サービス部門のシニアマネージャーであるマーク・ネーゲル氏は、安全な空間は安心感から生まれると話してくれました。私たちが安心感を得るためには、自分の意見が歓迎されている、重要であると思える必要があります。子どもの頃、私の周りのことについて、あるいは私に起きていることについて、私の意見を尋ねてくれた人はいなかったように思います。そのせいで安心感を得ることができなかったのだと――つまり、思いやりを持たれていないと感じていたのだと――マークのおかげで気づくことができました。だからこそ私は、他の人が意見を聞いてもらえていると安心できるように、これほど熱心に橋渡しをしているのでしょう。

彼とのインタビューは私にとってのセラピーとなりました。それはさておき、マークは相手に安心感を与える際の説得力あるシナリオを示してくれました。「話し合いの場を見渡して、そのなかにいつも発言しない人がいたら、『あなたはどう思う?』と尋ねてみましょう。彼らを対話に招き入れるのです」。マークはさらに一歩踏み込んで、話し合いのなかで誰かが「ただの個人的な意見ですが」といったときには、すぐにその人を遮り、こう伝えるそうです。「ただの個人的な意見、なんていわないでください。『ただの』といってしまうと、自分の意見を過小評価していることになります。あなたの意見は、この場にいる他の誰の意見にも負けず劣らず大切ですよ。決して自分の意見を過小評価しないでください」

このように割り入ることで、マークは安全な空間をつくり出しているだけでなく、他のリーダーが取るべき行動の手本を示しているのです。思いやりのあるリーダーとしてもう1つマークが実践しているのは、勇気を出して自分の意見を主張してくれた相手に感謝することです。このようにして、彼らの声が持つ価値を認めています。

アールエヌアール・タイヤ・エクスプレスの創業者兼社長を務めるラリー・サットン氏は、話し合いに参加しているすべての人に、彼のコミュニケーションに欠点があれば指摘するように伝えています。ラリーはこれまで何度もチームに「私はバカげた発言をすることもありますし、私の考えが間違っていることもあります。そんなときは、立ち上がって私を引っ叩いて、間違っていると伝えてほしいのです。ただ座って、私のいう通りだと頷いていてほしくありません」と伝えてきました。周囲に率直な発言を促すラリーの行動は清々しいものです。また思いやりあるリーダーとして、みんなが成長できる安全な空間をつくるために欠かせない要素でもあります。

数年前、私はダイバーシティ＆インクルージョン会議のリーダーを務めたことがありました。参加者にはラテン系アメリカ人、アフリカ系アメリカ人、ＬＧＢＴＱコミュニティに属する人などさまざまな人がいました。当時の上司が私にそのグループのリーダーを務めさせたのは、私がオープンマインドで人をまとめる力があったからだと思います。私は自分の役割とは、すべての人々が発言できる場をつくること、同時にそこでの会話を敬意に満ちたものにすることだと理解していました。一部の人々の意見が話し合いを独占していると感じたときには必ず、そこに割り入るように自分の立ち位置を調整し、他の人の発言に触れて話し合いの方向を変えたり、別のトピックについて、名指しで他の人の意見を聞いたりするようにしました。

このプロセスは当時の私にとっても今の私にとっても非常に大切なものです。すべての声に耳を傾けられなければ、その場の人々、あるいはチームや組織の人々は、従業員の経験を改善したり、より大きな安心感を得たりするための大きな機会を失うことになります。「発言を促すこと」と「彼らの声に耳を傾けていると示すこと」、この２つこそが安心感を与えるために重要なのです。

ラリーのように批判的なフィードバックに耳を傾けることが難しい場合も多いでしょう。それでも、思いやりあるリーダーは心を開いて厳しい言葉にも耳を傾けます。そうすることで、イノベーションや会社の成功を生み出す安全な空間がつくられるのです。

心を開き、厳しい言葉にも耳を傾ける

ラリーと同じように、シー・スペースの最高人事・執行責任者であるフィル・バージェス氏もまた、心を開き、厳しい言葉にも耳を傾けて対処していました。リーダーは周囲からいわれる言葉を恐れることがあります。しかし思いやりのあるリーダーは、フィルのように実践し、周囲のフィードバックにしっかりと向き合っています。

私が間違っているとき、私の下で働くみんなが指摘できるような空間を提供することに力を注いでいます。そのうえでチームに対し、「もっと効率的にチームミーティングを進められるのではないかというフィードバックをもらったので、今日は少し違うやり方を試してみたいと思います」など、はっきり伝えるようにしています。そうすることで私も自信を持てるようになり、彼らも私のやり方が正しいと感じたら、そう伝えてくれるようになると思います。結果的に私もリーダーとしての自信や自尊心を積み重ねる

ことができ、何でも答えを知っている人間としてではなく……彼らと一緒に働いている人間として……見てもらえるようになります。

経営幹部がミーティングに出席するとその場が静まり返る、といった光景は私も目にしたことがあります。みんなが話しかけられるまでは話したくないと思っているのです。ガデルネット・コンサルティング・サービスのＣＥＯであるニック・スモラリー氏は、部下が彼の発言や行動に対し、率直に反対意見を述べてくれることに安心感を覚えるそうです。そのような環境について彼はこう語ります。

自分の会社が受容的な文化を持っていることをとても嬉しく思います。私の会社では、私の役職にかかわらず——私が組織全体を経営する立場であっても、彼らが組織のどの階層に属していても——みんなが私に対して進んで指摘してくれる文化がありま す。……ユーモアを交えて指摘する人もいれば、ストレートに指摘する人もいます。どちらにせよ私たちの会社は、ＣＥＯに対しても「今のあなたは自分の最高の状態を発揮できていません」と伝えられる文化をつくり出してきたのです。そういわれたときは、彼らの発言を認めて、「その通りだ、申し訳ない」と答えることが私の責任です。

フィルやニックのように、厳しい真実にも耳を傾け対処しようとするのは勇気があり、多くのリーダーと一線を画しています。そのような受容力があってこそ、みんなが活躍できる安全な空間が生まれるのです。そして、自分で気づいているかどうかにかかわらず、彼らはリーダーとして心理的安全性も形成しているのです。

心理的安全性

エイミー・C・エドモンドソン氏は著書『恐れのない組織――「心理的安全性」が学習・イノベーション・成長をもたらす』のなかで、心理的に安全な職場について次のように説明しました。

> 従業員が気兼ねなく自分を表現でき、ありのままの姿でいられる環境。より具体的には、自分の心配事や失敗について、羞恥や報復の恐れなく共有できると感じられること。自分も発言してよいと自信を持つことができ、嘲笑や無視、非難をされないこと。また、わからないことがあれば尋ねてよいと思えること。(注2)

思いやりのあるリーダーについていえば、心理的に安全な職場をつくることとは、自分が導く相手に心遣いと優しさを示しながら互いに協力することです。そして、自分の下で働く人々に心から安心してもらわなければなりません。

イノベーションと問題解決を求める組織のリーダーは、心理的安全性を育てることで安全な空間を生み出します。そのような環境は一晩で生まれるものではなく、育てていくことが必要です。

心理的に安全なコミュニケーションの実践

グレイストーン・テクノロジーのCEOピーター・メルビー氏はこの数年間、心理的に安全なコミュニケーションとはどのようなものか、従業員が体験できる文化をつくり上げてきました。彼の会社のリーダーたちは、従業員が正直でいられる、知らないことは知らないと安心していえる文化をつくるには、「彼らと共に喜びを感じ、自分を守ろうとしたり物事のよい面だけを見せようとしたりせずに、生身の人間として振る舞う」必要があると気づきました。ピーターは「一晩で成せるものではありません。継続的な実践があってようやく生まれる文化です」と語りました。

ピーターと彼のチームはそのような実践の場を設けるために、リーダーと従業員間のコミュニケーションという、あいまいだった領域に切り込んでいきました。上司と部下が2種類の月次ミーティングを行う仕組みをつくったのです。1つは一対一で、もう1つはチームミーティングとして行います。それぞれのミーティングで上司とチームメンバーは特定の質問項目を活用し、チームメンバー1人1人の現状を確認します。さらに彼らの業績管理プロセスにおいても、毎月上司と一対一で面談を行い、彼らの達成項目や改善項目を確認するようにしました。

ピーターと彼のチームが体系化された話し合いの場をわざわざ設けたのは、こうした対話は気まずさから敬遠されることが多く、普段の会話で自然に生まれるものではないからです。この実践を振り返り、ピーターはいいました。「月一ペースで話し合いを行うことによって、……人間らしさはいたって当たり前のものとなり、またチームメンバーそれぞれのやり方に任せておくよりも、心理的安全性を得られる可能性が格段に高くなりました」

部下に安全な空間を提供する別の方法として、ダブテイル・ソリューションズ創業者兼CEOであるアンディ・ボイアン氏は、どのミーティングでも自分が「最後に」発言すると述べました。

戦略会議やクレーマー対応などで、チームが一丸となって話し合っているとしましょう。そこで私が最初に口を開いてしまえば、話し合いの意味がなくなります。私が最後に発言するのは2つの理由があります。1つには、自分が発言を挟まないことで、みんながいいたいことをいえるようになり、彼らの考えを知ることができるからです。私に咎められることがなければ、彼らもいいたいことをいいやすくなり、私も自分が発言する前に彼らの意見を聞ける利点があります。これはどのような場でも非常に役立ちます。彼らの意見に賛成できないときや、私の考えとは異なるとき、彼らの話が長くなるときもありますが、それでもちゃんと耳を傾けるようにしています。もう1つには、私が発言する番がきたら、みんなの考えを考慮しながら発言したいからです。話し合う内容を私が決めてしまえば、私はみんなを導いていることにはなりません。

このような考えは他のインタビューのなかでも数多く語られました。まずは耳を傾け、相手に話させるというのは感情的知性が非常に高く、思いやりあるリーダーシップが一種のアートである理由の1つです。一晩で成し遂げられるものではなく、継続的な実践が必要なのです。

チームや組織に心理的安全性をもたらすには、他にも次のようなことから実践してみるとよいでしょう！

1．従業員の意見を認める

グループミーティングで多数派意見と異なる意見が出たときには、一度立ち止まって、その意見に――組織が間違った方向に進んでいるという主張の場合は特に――耳を傾けましょう。組織内の多数派の意見のみを聞き入れてしまうと、反対意見のメンバーは安心感を得られません。「この組織は自分のような人間を受け入れないのだ」と感じるからです。

2．発言を促す

フィードバックを促すこともリーダーが心理的安全性をつくり出す方法の1つです。不快な思いをしたり、リーダー側が変わる必要があっても、受け取るすべてのフィードバックに心を開くことが大切です。これはさきほど紹介したマーク・ネーゲル氏が、話し合いに参加する人々の意見を先に尋ねるときに行っていることでもあります。

やはり完璧なリーダーはいないのです。自ら失敗しようとしたり、失敗して喜んだりするリーダーはいないでしょうが、従業員が自分の考えや不安、希望を正直に語るよう促し、変化が必要だと思ったことについては発言するよう勇気づけることで、リーダーも個人として、また組織としての取り組み方を改善することができるのです。ここで重要なことは、部下が適切なタイミングで発言できるよう導くこと、思いやりを示すことです。リーダーがオープンに話しすぎるあまり他の人が話せなくなったり、タイミングを誤って直接的すぎる意見を伝えたりすると、リーダーとしての真価を発揮できません。部下が発言する適切なタイミングを示してあげることは、発言の場を設けることと同じくらい大切なのです。

従業員の発言を促すことで、また、いつどんな状況であれば気兼ねなく発言してよいのかという線引きを示すことで、従業員のフィードバックを最大限に生かし、価値あるものにすることができます。また、発言を促すときはよりインクルーシブになること——より多くの人を輪の中に含め、誰も除け者にしないことです。

3. より多くの人の発言を促す

誰に発言を促すかを判断することは大切です。適切なメンバーを会話に招き入れていますか？　すべての人の考えを聞くようにしていますか？　会議に参加しているのは誰ですか？　本当はその場にいるべきだったかもしれない人は誰ですか？　従業員の心理的安全性を生み出すには、「自分はどれほどインクルーシブになれるだろう？」と自分に問いかけなければなりません。

その場の参加者とは異なるアイデンティティを持った人々や、異なる経験や観点を持っているかもしれない人々をちゃんと招き入れているでしょうか？　特定の問題や計画について、意見を共有する機会を与えているでしょうか？
会社のなかで軽んじられている人々は、安心感を得たり、自分も会社の一員として認められている、自分の声が大切にされていると感じることは、ことさら難しいものです。多くのリーダーが知らず知らずのうちに、安心と導きを求めて自分を頼ってくれる相手を、マイクロアグレッションによって不安な気持ちにさせています。思いやりのある、人をうまく導くリーダーへと成長するには、マイクロアグレッションについて理解する必要があります。

マイクロアグレッションから守る

マイクロアグレッションは、1970年代にハーバード大学の精神科医であるチェスター・M・ピアス医学博士によって造られた言葉であり、現在の定義はコロンビア大学のカウンセリング心理学教授であるデラルド・ウィン・スー氏によって生まれました。スー氏はマイクロアグレッションを以下のように定義しています。

マイクロアグレッションとは、日常的な言動や環境におけるありふれた小さな侮辱行為であり、ある人物や集団の、人種、ジェンダー、性的指向、宗教に関して、敵対的、軽蔑的、否定的な誹謗中傷を指す。本人にその意図がない場合も含まれる。(注3)

マイクロアグレッションの例は次のようなものです。

●白人女性が黒人男性とエレベーターに乗り合わせた際、自分のハンドバッグをしっかりとかかえること

●白人が黒人に対し、髪を触ってもよいかと尋ねること

●アジア系の同僚に対し、会社のピクニックに炒飯を持ってくるよう勧めること

コロラド・コアリション・フォー・ザ・ホームレスの最高人事責任者であり、ダイバーシティ&インクルージョンの専門家でもあるT・レナータ・ロビンソン博士は、アフリカ系アメリカ人に対するマイクロアグレッションの例をさらに紹介してくれました。

●黒人女性に対し「本当に美人ですね！」といい、その女性のことをもう少し知ってから、「驚きました、頭もとてもいいんですね！」ということ。これは黒人女性が美しさと賢さを兼ね備えることはないと決めつけていることを示す。

●白人男性がミーティングの場で、有色人種の人に代わって「彼女がいいたいのはつまり……」と話そうとすること。これは有色人種の人が単独ではコミュニケーションできない

と考えていることを示す。

- 黒人男性が理路整然と発言をした際、白人男性が「びっくりしたよ、こんなに理路整然と話せるなんて！」ということ。これは黒人男性のような外見的特徴を持つ人は理路整然とした話し方をしないと考えていることを示す。

コロラド州ジェファーソン郡の人事部長であるジェニファー・フェアウェザー氏は、職場で従業員をマイクロアグレッションから守るために取り組んだことについて話しました。最初のステップは、職場での振る舞い方についての心構えのミーティングでした。「この心構えで求められていたのは、相手を尊敬すること、違いを価値あるものとして認めること、多様性を尊重することでした」とジェニファーは語りました。しかし、頭では理解したつもりでも、みんながその通りに行動できるわけではないことは、彼女にもわかっていました。ジェニファーはこう続けました。「私たちが気づいたのは、マイクロアグレッションを受けても、誰も声を上げないということです。むしろその問題を放置して悪化させてしまい、敵意を抱いたり、会社を辞めたいと思ったり、誰かに問題を解決してもらおうとしたりするほどまで拗らせていたのです」

そこで、ジェニファーはチームと共に目標を立て、個々人がマイクロアグレッションに直接対処できるようにしました。現在では社内研修の担当部署を活用して、目標達成に向けた手助けをし、必要に応じて外部講師を招くこともあるそうです。

マイクロアグレッションが中傷から「気づき」へと変わるとき

インタビューでもっとも説得力があったのは、リーダーたち自身の失敗談です。なかでも印象的だった話が3つありますが、そのうちもっとも衝撃的だったのは、アイオワ州ダビュークの市政担当官補佐コリー・バーバック氏のマイクロアグレッションに関する失態でした。コリーと数人のリーダーは、ほとんどが白人たちのコミュニティにおいて、より多様性ある職場づくりの一環としてマイクロアグレッションの改善に乗り出していました。あるときコリーは、リーダー陣たちの読書会で、自分が尊敬している相手に対してマイクロアグレッションを行ってしまったことに気づきました。

その読書会では少人数のグループに分かれて、人種問題を取り扱った本についてディスカッションをしていました。……そのとき、3人の黒人従業員がみな同じグループに振り分けられていたことに気づきました。黒人従業員が含まれていなかった私たちのグループは、ぜひ彼らの考えも知りたいと思いました。……そこで私は、友人としても非常に大切にしている同僚の黒人男性のほうを向いて、「私たちのグループに黒人男性役(the token Black man)として入ってくれない？」といってしまったのです［the token Black manは、企業や団体において人種差別がないことを示すためだけに雇われる、重要な役割の与えられない黒人男性］。その瞬間私は「やってしまった！」と後悔しました。しかし、今そのことに敢えて触れればもっと気まずくなると思い、そのまま会話を続けました。実はこの経験がきっかけで、彼には一生感謝することとなりました。というのも、彼が読書会のあとに私のもとを訪れてこう伝えてくれたのです。「君にあんな風にいわれて、どう反応すればいいかわからなかった。……自分の意図と違う風に伝わってしまうことはよくあるし……君に悪気があったわけじゃないことはわかってる。でも、いわれた僕は悪いように受け取ってしまった。急に君たちから差別を受けたような気持ちになったんだ。どう対処すればいいかわからない、この場の誰も僕の味方になってくれない、そんな気がしてしまった」

コリーはその出来事以降も、彼と何度か話し合う機会があったそうで、そのことについて謝り、自分の発言が彼にとってどんな意味を持つものだったかを理解する「猶予を与えてもらえた」と語りました。もとの関係に戻った2人は、この出来事についておそるおそるリーダー陣と共有したそうです。それからはチームとして話し合いや対話形式の取り組みを行い、このようなマイクロアグレッションの問題への気づきを促しているといいます。今になって思えば、コリーは読書会を行うとき、それぞれのグループにトピックの当事者となる人が含まれるよう事前に振り分けておけばよかったのかもしれません。そうすれば今回のような失敗は生じなかったでしょう。

コリーが何よりショックだったのは、このマイクロアグレッションを受けた同僚が、1日中何にも集中できなくなるほど影響を受けたことでした。似たケースは他のリーダー陣も経験があったそうです。

コリーが思いやりあるリーダーとなれたのは、自分の過ちに気づき、同僚の立場になって考え、自分の行動が及ぼした影響を時間をかけてしっかりと理解したからです。目を背け蓋をすることもできたにもかかわらず、コリーは同僚からのフィードバックに正面から向き合い、自分が得た気づきを他の人のために役立てました。リーダーは完璧な人間ではありませんが、自分の過ちを認めることをためらわないのです。

私がマイクロアグレッションを受けた経験

人種の異なる両親のあいだに生まれ、黒人女性という見た目を持つ私も、マイクロアグレッションを受けた経験があります。多くのマイクロアグレッションは単なる無知によるものだとわかっているので、あまり気に留めないようにしてきました。私の肌の色が「他の黒人女性より明るいから美しい」といわれたときなどは、その無知を正そうとしたこともありましたが、ほとんどの場合はマイクロアグレッションを受け流すようにしています。

長年にわたってさまざまなチームを導くなかで、個々に異なる多様な人々にたくさん出会ってきました。誰かの健康上の問題や話す言葉の違い、文化的背景などについて何かいう人がいれば、私は上司として、ただ黙って見過ごすことはしません。見過ごせば、私もそのマイクロアグレッションに加担していることになります。ですから、弁護士としての私が顔を出して、彼らを守り、彼らのために声を上げようとします。しかし弁護を行う際には、人間の特質も理解しているので、攻撃的な態度は取りません。1つには、私のような外見的特徴を持つ人々に対する、事実と異なるステレオタイプを植え付けたくないからです。もう1つには、人は常に私のことを見ているからです。私は他の人の手本となるような正しい対応をしたいのです。

私はマイクロアグレッションに対して次のような方法を取ります。

1. なぜそのような発言をしたのか、何といったのかを確認します。人は蓄積されたネガティブな情報に基づいて、誤った考えを持っていることがあるからです。それを念頭に入れておけば、攻撃的に責めることなく、彼らの考えを理解しようとできます。

2. 身を乗り出し、相槌を打ち、ときには相手の発言を繰り返してその人の考えを理解できているかを確かめることで、相手の発言に積極的に耳を傾けていることを示します。

3. さらに、相手の立場に寄り添い、理解できる点、また場合によっては共感できる点を伝えます。

4. 最後に、相手の発言が必ずしも正しいものではないと思う理由について、私の考えを伝えてもよいかと尋ねます。その際、できる限り、事実と歴史に基づいた説明をするようにします。うまくできるときもあればそうでないときもあり、感情的になってしまうこともあります。

5. マイクロアグレッションが私以外の人に向けられたものであった場合には、「あなたの発言がどれほどその人の気分を害するものだったか（または傷つけたか）、わかりましたか?」といった質問で締めくくることもあります。その質問をするにしてもしないにしても、私はそのような発言を容認しないこと、もしもその人がマイクロアグレッションを受けたときには、同じように守ることを伝えます。

部下に、長く働きたいと思ってほしい、革新を起こしてほしい、チームのためにさらなる高みを目指してほしい、顧客の期待を超えてほしいと思うのであれば、彼らに安全な空間を提供することは絶対に欠かせません。部下たちが受けるマイクロアグレッションに気づき、彼らを守ることは、安全な空間をつくる方法の1つです。安心感を得られない限り、彼らがチームや組織の成功のために忠誠心や熱意を持つことはできないのです。

実践 「本当の」思いやりあるリーダーシップの美学

私たちはみな、感情的にも身体的にも精神的にも、安心して働ける環境を望んでいます。部下が不安や恐れを感じることなく、意見やアイデアに耳を傾けられる環境をつくりましょう。彼らは安心感を得ることで、自分を解放して、チームや組織のために、最高の自分を発揮できるようになります。このような恩恵を妨げている規範は、今すぐ取り除いてしまいましょう。

思いやりあるリーダー▼ハイライト紹介

ケビン・パターソン（コネクト・フォー・ヘルス・コロラド 最高経営責任者）

●インタビュー回：エピソード113 〝Leaders with Heart Set a Clear Vision for Others to Follow［心で導くリーダーは、周囲が目指すべき明確なビジョンを示している］〟

●アハ体験：コネクト・フォー・ヘルス・コロラドのCEOになる何年も前のこと、ケビンはヒューストン北部で中学1年生に英語を教える仕事を始めました。彼いわく、「その年齢というのは扱いが難しく、生徒たちに句読点の使い方を注意させることはかなり難しかった」そうです。その仕事ならではの難しさをいくつも伴う、まったく新たな職場環境ではあったものの、ケビンはその仕事を通じて、みなそれぞれが活躍できる安全な空間をつくるスキルを養うことができたと語りました。「どんどん変化し続ける職場への携わり方について、この経験から多くの心構えを得ることができました。やはり、たくさんの質問を投げかけ、物事をさまざまな角度から説明できるようにしておくことが大事です。なぜなら、人によって学び方はそれぞれだからです」。中学1年生のクラスを受け持ったときも、100人以上の従業員から成る組織を導いている現在も、心理的安全性の原理は同じように適用されています。ケビンは、みんなが実力を発揮するためには、自分は信頼されている、支えられている、組織の一員として認められていると感じる必要があること、また、思いやりあるリーダーにはそのような環境を育てる責任があることを理解しています。

●思いやりあるリーダーシップの体現方法：従業員に安全な空間を提供することは、歩むキャリアによってまったく異なる様相を呈するかもしれません。しかしすべてに共通するものもあり、ケビンが掲げるリーダーシップの原則は、普遍的な価値観に沿ったものです。「自分が彼らに何を求めているか、しっかりと伝え、明確にするよう努めています。また、彼らの仕事を事細かに管理しすぎないようにも気をつけています。いつまでにどうしてほしいのかを明確にすれば、回りくどい指示をして結局もとの場所に戻ってきてしまうということにならなくて済むのです」とケビンは語ります。従業員に対する信頼の度合いを強めることでこそ、彼らは安心して最高の状態を発揮できるのです。

●指針となる哲学：「リーダーたるもの、部下の手助けとなる明確なビジョンと方向性を示

し、**事細かな指示をしないよう努めるべし**」。ケビンの言葉にあるように、隅から隅まで細かく指示や管理をしてしまえば、職場における安心感は失われてしまいます。部下の素質を信頼していないという印象を与えてしまうからです。追い求めるべき方向性と達成すべき目標を示し、そこにたどり着く方法は「人それぞれ異なる」ことを受け入れましょう。明確な方向性を示し、部下に権限を与えることについては、次章で紹介します。

第8章

決定権を与える

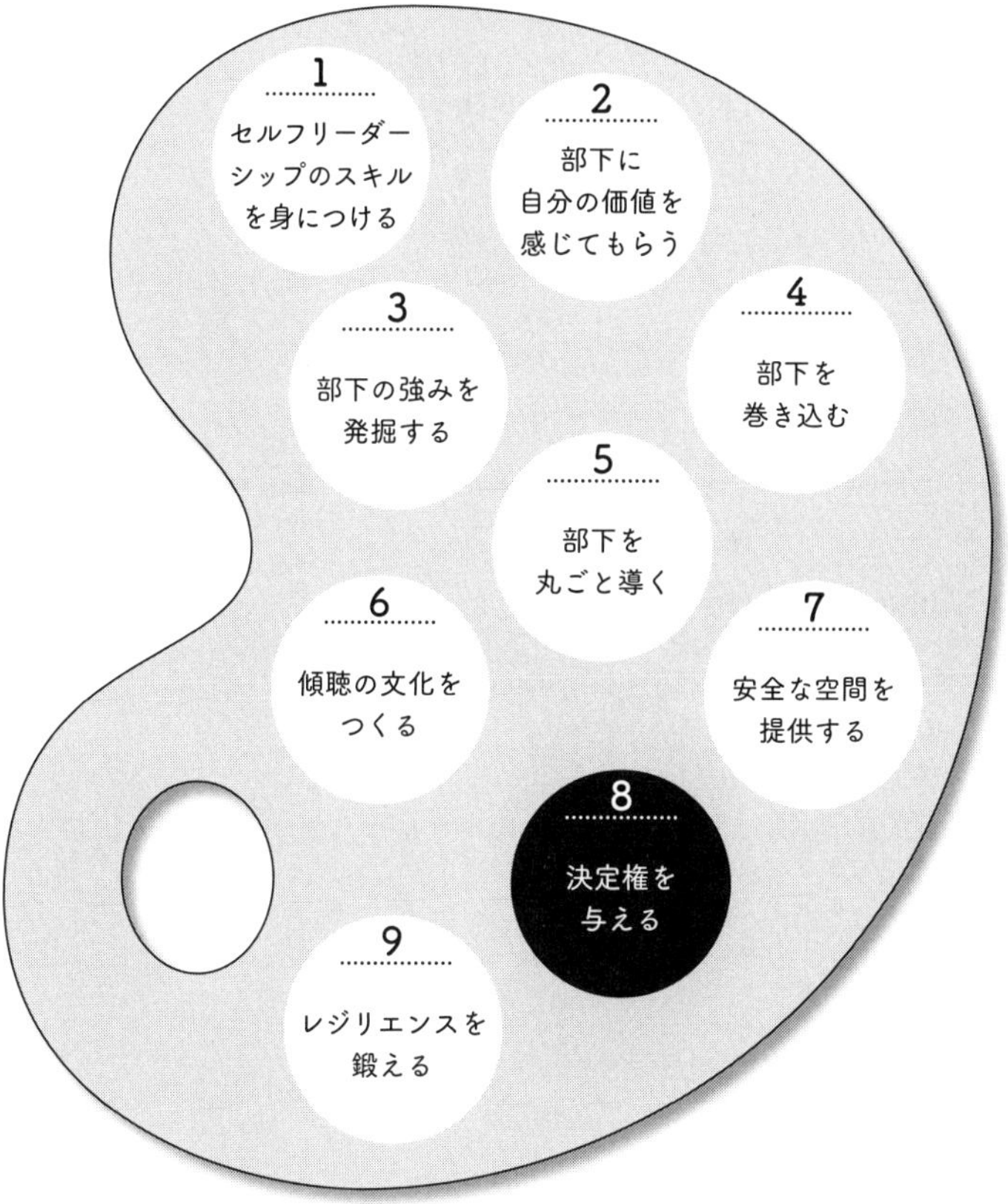

「思いやりあるリーダーシップ」フレームワーク

チームの知性を信じるのです。

クレイグ病院　院長兼CEO ジャンデル・アレン=ディヴィス医学博士

上司が部下に対して取るもっとも弊害の大きい行動の1つに、相手の一挙一動を事細かに管理すること――マイクロマネジメント――が挙げられます。これによって彼らの下で働く従業員は、自分自身で考えて動くことが難しくなるのです。思いやりのあるリーダーは部下に対し、マイクロマネジメントではなく**エンパワーメント（権限を与えること）**を行い、失敗するとしても、彼ら自身が正しいと思ったことをする余地を与えます。このようなリーダーは、本当の成長や学びはエンパワーメントによってこそ得られること、部下もまた自身で決断できる大人であることを理解しています。思いやりのあるリーダーは、心配せず自信を持って相手の自主性に委ねることができ、自信のないリーダーは、自分のビジョンを叶えるためにはすべてのタスクを事細かにコントロールしなければならないと感じています。

以前の私の上司には、私に担当させたプロジェクトについて、どのように進めるつもりなのか、私の一挙一動を知りたがる人もいました。毎週ミーティングを行い、完了予定スケジュールに遅れがないかを確認し、さらには頼んでもいないのに「一緒にプロジェクトに取り組むように」と自分の同僚を連れてきたのです。起業家精神を持つ私は、このような彼女の行動にすぐに窮屈さを感じるようになりました。この上司が取るべきだった行動は、私の経験や知見を生かしてプロジェクトを達成するよう委ねたうえで、週ごとに進捗状況を確認することでした。また、進捗状況の確認時に私が助けを必要としていないかを尋ねることもできたでしょう。しかし実際には、彼女の行動によって私は彼女に対する尊敬と信頼を完全に失い、一刻も早く彼女のチームやその会社を去るための方法を考え始めてしまったのです。

豊かな土壌を提供する

ファーストバンクのクリスティーン・ジョンソン氏は、従業員のエンパワーメントにおける自分の役割について、このように語りました。「リーダーである私の務めは、みんなの歩む道にある障害物を取り除き、みんなを勇気づけることであり、それが終わったらすぐに身を引くことです。なぜなら彼らはみな……優れた存在になりたい、権限を与えられたい、……偉大なことを成し遂げたいと思っているからです。その邪魔になることだけはしたくないのです。ですから、私が心がけているのはまさに——道を開くこと、扉を開くことです」。私自身、クリスティーンと共に働いてきたなかで、どれほど彼女が自分の下で働く他のリーダーたちをエンパワーメントしてきたのかを見てきました。

ムーブメディカルの最高顧客責任者マレオ・マクラッケン氏は、エンパワーメントがどのような役割を持つのか、実践的かつ説得力のある見解を示してくれました。

「自分はリーダーじゃないから」と、やりたいことを自分の裁量で進められないように感じてしまうことも多いかと思います。つまり、リーダーであればもっと自分の裁量で行動できると考えているのでしょう。しかし、私がこれまでの経験から学んだこととして、リーダーは部下たちを頼りにしており、実際にはそれほど裁量権も持っていないことが多いのです。自分にできることがほとんどなくなるくらい部下を頼らなくてはなりません。彼らに仕事を委ね、権限を与えることを学ばなければ、本当の意味でリーダーになることはできないのです。

マレオの発言は的を得ています！　部下が自分で決断し、能力を発揮できるように権限を与えなければ、思いやりのあるリーダーにはなれないのです。

部下に思いやりを示すには、事細かにコントロールすることをやめ、求めるものを明確にし、彼らなら職責と目標を達成してくれると信頼することです。パシフィックノースウエスト国立研究所で運用システム・テクノロジー長を務めるキース・フライア氏は、部下たちの障害物を取り除くことについて、次のように語りました。

以前、ある人にこういわれたことがあります。リーダーとしてのあなたの務めは、滑走路をつくり、つくり終えたら邪魔にならないよう脇に寄って、彼らが飛行機を飛ばしたり着陸させたりできるようにすることです、と。シンプルな喩えではありますが、まさにその通りだと思います。……私たちはリーダーとして、しばしば日々の業務の細かな部分に囚われすぎてマイクロマネジメントを行ってしまうことがあります。リーダーが取るべきベストな行動は、能力の優れたチームを選定し、自分が求めるものを明確にし、彼らが成功するために可能な限りの権限を与えること、彼らの邪魔をしないことです。そして、困ったときにはいつでもサポートする姿勢を示すことです。

私が、「委任する」ではなく「権限を与える」と表現していることにお気づきでしょうか。**委任する**というのは、ある行為を他の人に代わってしてもらうよう頼むことです。(注1) **権限を与えること**（**エンパワーメント**）は、それよりももっと大きな意味を持ちます。メリアム・ウェブスター英英辞典は、エンパワーメントの意味を「相手の自己実現を促進すること、または相手の影響力をより大きなものにすること」と定義しています。(注2) 私は部下に権限を与えたいと思っています。期待されていることの限界を超えて、仕事上の問題を解決するだけでなく、彼らやチームが目指す最高の目標を達成するために自身の才能を生かしてほしいのです。「委任すること」と「権限を与えること」の違いは、部下にとっては決定的な違いとなります。「私の代わりにこれをやっておいてくれますか、私それどころじゃないので」といっているだけではダメなのです。「共に目指す目標の達成に向けて、必要なことをやってください。創造力を働かせて、楽しみながらやってくださいね！」と伝えることが大切なのです。

部下を本当の意味でエンパワーメントするには、チームや組織のゴールとして自分が何を求めているかを明確にすること、また、そのゴールや目的をチームと共に決定することが必要です。

求めるものを明確にする

思いやりのあるリーダーは、部下が混乱したりフラストレーションを感じたりせずに済むよう、部下に求めるものを明確に示します。そして部下は、自分がそれを成し遂げたときの達成感で、仕事との深いつながりを得られるようになります。自分に求められているものが明確であればあるほど、自分の仕事に意義を見出せるようになるのです。意義のある仕事こそ、従業員の忠誠心（ロイヤルティ）を高めるもっとも大きな要素です。

コーラス・エンターテイメント人事・広報部上席部長であるシェリル・フラートン氏は、

こう述べました。「リーダーのもっとも重要な役割とは、目標について非常に明確な考えを持っていること、そして、偉大な目標とはどのようなものか、そしてなぜ、どのようにその目標を達成するのかを相手に説明できることだと思います。……それ以外のことは、優れた人々であれば自然に理解できることもあるのです」

フェローシップ・オブ・カトリック・ユニバーシティ・スチューデンツ（FOCUS）の資金援助担当者を務めるメリッサ・イオヴィン氏は、シェリルの考えをさらに深め、エンパワーメントと「明確な指示」のあいだには適切なバランスがあると指摘しました。「もっとも効率がよいのは、できる限り具体的に詳細を伝え、やり方は彼らの自由に任せることです。何をすべきかが示されており、彼らがそのためにクリエイティブに取り組むことができれば、明確な指示とエンパワーメントの両方が同時に成り立ちます」

部下を思いやるとはどういう意味か、ケビン・パターソン氏はインタビューのなかでこう語りました。「組織においてとても大事なのは、みんなが自分の目指す場所をはっきりと理解していること……楽譜の同じページを開いていることです。そうなれば美しい音楽を奏でることができるでしょう。みんながバラバラのページを開いて、同じ曲を歌うことができなければ、不協和音が生じてしまいます」

ケビンが強調したのは、明確な目標を示すことで、エンパワーメントが最大の効力を発揮するという点です。明確さがなければ、チームメンバーは自分が進むべき方向がわからなくなったり、自信が持てなくなります。目指す場所を明確にすることこそが大切です。そうすれば、そこにたどり着く方法はリーダーの思う通りでなくても大して問題ではありません。部下が進む道は、彼ら自身に見つけてもらわなくてはなりません。自分の力で目的地にたどり着くことができれば、彼らの達成感はより大きなものとなります。

ウィスコンシン大学マディソン校のリッチ・ガッセン氏は、自身がリーダーを務める部署でミッションや戦略ビジョンを立て直す役割を担った際に、目標を明確にするこのコンセプトを理解しました。彼はチームと協力して、部署が目指すべきゴールを考えました。日々の業務においてそのゴールを念頭かつ中心に置くために、チームはそのゴールを大きな紙に印刷し、みんなが見えるところに貼りました。リッチはチームメンバーと面談するときに、そのミッションとビジョンを活用しています。また、チームと共にアイデアを出したり彼らの業績評価をしたりするときには、これらのミッションやビジョンに立ち返るようにしています。

ミッション、バリュー、ゴールといったものは、こうして活用されることでその真価を発揮します。全員が同じページを開き、目標に向かって進む覚悟を決め、同じ音楽を鳴らすために必要な目的地となります。

思いやりあるリーダーになるには、「明確な方向性を示すこと」と「思いやりを持って導くこと」のあいだのバランスを認識しなければなりません。方向性があまりに曖昧だと、チームメンバーは不安を感じ、どうしてよいかわからなくなってしまうでしょう。ケビンが述べたように、部下に対して方向性を示せれば、不安を解消し、勇気づけることができます。明確さは、思いやりあるリーダーにとっての重要な筆づかいです。思いやりあるリーダーが「明確に」指南できれば、鬼に金棒なのです。部下が進むべき道を照らしつつ、その道のりを歩む彼らに心遣いを示し、寄り添うことができるリーダーは、特別な資質を持っています。思いやりあるリーダーのパレットに広がる新たな色は、部下に対し、イノベーションや成長のためにリスクをとるよう促すことです。

背中を押してリスクをとらせる

リスクをとることができるかは、エンパワーメントと密接な関係にあります。**エンパワーメント**は「さまざまな行為や義務を行うための権限、権利、権威を与えること」と定義されており、(注3)エンパワーメントにおいてはある程度の自立性を認めること、つまり、部下を極力監視しないことが必要だからです。誰かが見ていようが見ていまいが、失敗は起こるものです。

多くの人々が失敗を恐れるのは、過去の経験に基づき、その失敗によって起こりうる結果を想像してしまうからです。思いやりを持って導くリーダーは、リスクをとることを促し、慎重に考えたうえでも起きてしまう失敗を許します。その結果、彼らの下で働くメンバーは、仕事上の問題を乗り越えるためにより革新的な行動を取り、周囲と協力するようになります。そうする自由が与えられていると感じられるからです。そして、マイクロマネジメントはこのような努力を妨げる最大の敵となります。

アワー・レディ・オブ・ロレト・カトリック・スクール校長であるアンドリュー・マクドナルド氏は、彼の学校で働く教員たちにリスクをとることを促すとき、うまくいったことは何か、うまくいかなかったことは何かをあとで振り返るよう伝えています。うまくいかなかった場合には「やり方を変えたほうがよいところはあっただろうか?」「どこからうまくいかなくなったのだろうか?」ということを自問するよう指導しています。

アンドリューはリスクをとったあと、または新たなプロジェクトに着手したあとに反省会を行うことが重要であると指摘しました。それにより反省と学びが促されるだけでなく、携わったすべての人が、自分の行動と結果に対して責任を持てるようになるからです。

ケッチャム・ロンドンCEOのジョアン・ロバートソン氏は、リスクをとることについてこう語りました。「部下が起業家精神を持ってイニシアティブを取り、それが失敗したときには……リーダーが彼らを支え、失敗から学ぶ手助けをします。……学びを生かして、そこから立て直せばいいのです。もう一度積み重ねて前に進めるよう、リーダーがその手助けをします」

アンドリューとジョアンの考え方はどちらも、第7章で扱った心理的安全性というコンセプトをより強固にするものです。思いやりのあるリーダーは、部下が持つ最良のアイデアを知りたい、解放したいと願っています。そのアイデアを引き出すためには、失敗への恐怖や不安など、革新的な考えの妨げとなるものを取り除くことが唯一の方法であることも理解しています。

思いやりのあるリーダーは、部下にリスクをとる力を与え、彼らなりの方法で答えを出せるように導きますが、彼らが助言を必要としたときには頼れる存在でもあるのです。

頼れる存在になる

部下をエンパワーメントすることは、リーダーの責任を放棄することではありません。思いやりのあるリーダーは、部下が勇気を持って仕事を推し進められるよう、責任を持ってエンパワーメントします。そのうえで、頼れる存在として、あるいは相談役として構えています。そのようなリーダーはチームメンバーの様子をうかがうこともあれば、いつでも助けられる程度の距離をとって見守っていることもあります。

何年も前のことですが、夫とハネムーンで五つ星レストランを訪れたことがありました。とても素敵なレストランでした！　私たちのテーブルには5人のウェイターが付きましたが、彼らは私たちの必要を感じ取ったときにしか現れず、それ以外は姿を潜めていました。グラスが空になったときやパンのおかわりが欲しいときには、何もいわずともウェイターの1人が来てくれました。思いやりのあるリーダーがどのようにエンパワーメントを行っているかを考えるとき、私はいつもこのレストランでのことを思い出します。部下に自由を与えることで、彼らが手助けを必要としたときやもう少し指示がほしいときにだけ現れる、頼れる存在として構えていることができるのです。

頼れる存在となるというコンセプトについて、アトリウム・ヘルスで人材獲得部部長補佐を務めるダンソニー・ティレリー氏は次のように説明しました。「従業員が正しい判断を下せるように、適切なレベルのサポートと自由を与えることが本当に大切です。……彼らが進むべき方向をちゃんと理解できるように、導きとなるレールを敷くことも欠かせません。そのように力を与えられた従業員は、リーダーの考えを理解する機会を得て、正しい方向に進んでいることを確かめられるのです」

シーエムエル・オフショア・リクルートメント創業者兼CEOであるスティーブ・マッキ

ントッシュ氏は、エンパワーメントとはチームメンバーと組織がパートナーシップを結ぶことであると捉えています。「最近の私は、何をすべきかを伝えるのではなく、何がなされるべきかを一緒に決め、それをうまくやるために必要なリソースやサポートを確実に提供するようにしています」

エコノミック・デベロップメント・コアリション・オブ・サウスウエスト・インディアナの理事長兼CEOを務めるグレッグ・ワーゼン氏は、エンパワーメントとは1人1人が互いを尊重し合うことだと捉えています。彼はゴールや目標を達成する方法はさほど重要ではないとし、それぞれが異なるスタイルやスキルを持ち込むことを尊重すべしという哲学を持っています。グレッグは協力的であること、理解を示すことにフォーカスしていて、私も彼が実際にそうした人物であることを知っています。というのも、私が彼に会ったのは、彼の同僚がSNSに投稿したある内容を見たあとだったからです。その人はグレッグの下で働く経営幹部の女性だったのですが、ミーティングに参加しなければならなくなったある日、職場に子どもを連れてきていました。ここでグレッグはあたたかい行動を取りました。彼女がミーティングを取り仕切っているあいだ、会議室の外で彼女の子どもの面倒を見ながら待っていてあげたのです。これは「協力と理解」の最高の形であるといえるでしょう！

エニタイムフィットネスのチャック・ラニアン氏は、エンパワーメントとは部下を育てる方法であり、それによって結果的に部下が会社を育ててくれるようになると考えています。「毎日……仕事に向かう車のなかで、自分はみんなのために働いているのだと考えています。みんなが私たちのために働いているのではありません。……みんなが能力を発揮できていること、使えるリソースがあること、適切な計画を立てられていること、それを確かめるのがリーダーの仕事です。多くの場合、その計画を立てるのは彼ら自身であり、私たちはただその計画を調整したり、優先順位を決めたりする手助けをしているだけです。彼らも相談役を必要としていますから」

このように、思いやりのあるリーダーにもそれぞれ異なるエンパワーメントの捉え方があります。しかし彼らに共通しているのは、部下に制約を課すことなく、最高の仕事ができるよう豊かな土壌を形成しているということです。このようなリーダーは、リスクはいたって普通の業務の一環と捉えつつも、そのなかで部下たちを見捨てることはしません。こうした思いやりあるリーダーシップは、よもやアートの域に達しているといえるでしょう。

実践 「本当の」思いやりあるリーダーシップの美学

エンパワーメントとは管理責任を放棄することではありません。管理監督を最小限にとどめれば、部下は素晴らしい目標を達成できます。部下はエンパワーメントによって、彼ら自身に、そしてリーダーに、その事実を身をもって示すことができるのです。部下との時間を設け、自分がいなくても彼らがリードできるプロジェクトについて相談しましょう。彼らがチームのために優れた仕事をしてくれると信じていると、今すぐ伝えるのです。

思いやりあるリーダー▼ハイライト紹介

ラリー・サットン(アールエヌアール・タイヤ・エクスプレス 創業者兼社長)

●**インタビュー回**：エピソード70〝Leaders with Heart Empower Their People to Do Their Best Work［心で導くリーダーは、エンパワーメントによって部下の実力を最大限に引き出している］〟

●**業界／専門分野**：自動車(タイヤ／小売業)

●**アハ体験**：自分の会社をフランチャイズ化する幸運に恵まれたラリーは、キャリアにおける新たなレベルの成功を目の当たりにしました。早期の勢いを保ち続けるために、自分が会社のすべてを掌握しなければならないと考えた彼は、全社の業務管理に真っ向から対峙しました。しかしじきに、ビジネスパートナーから一度落ち着くようにいわれました。業務やフランチャイズ店のすべてに対しマイクロマネジメントを行い続けることはできないと、そのような威圧的なリーダーシップによって自分の権限が奪われたように感じている従業員がいると指摘されたのです。「誰にもエンパワーメントすることができていない、ただ王様のような行き過ぎた振る舞いとマイクロマネジメントを行っていただけだと気づき、はっと目が覚めました」とラリーは語りました。それ以来、彼は責務の一部を他の人に委任して、従業員が決定権を持てるように、そしてラリーのやり方に賛成できないときには声を上げられるように、従業員のエンパワーメントに力を注ぐようになったのです。

●思いやりあるリーダーシップの体現方法：ラリーが歩んできた道のりは、自信のないリーダーから思いやりあるリーダーへの変遷といえるでしょう。自信のないリーダーは、自分のビジョンを叶えるためにはすべてのタスクを細かくコントロールしなければと感じています。一方で思いやりのあるリーダーは、自信を持って部下に自主性を持たせているのです。現在のラリーは、従業員に自分で決断させ、自分の行動に責任を持たせ、自分の意見を持たせるようにしています。「それができていなければ、本当の意味でエンパワーメントできているとはいえないでしょう」とラリーは語りました。「エンパワーメントができていなければ、彼らは自分がなれる最高の姿に成長できません。反対意見を述べる自由が与えられていなければ、エンパワーメントはその効力を徐々に失っていくのです」

●指針となる哲学：**「リーダーの思う方法が唯一の方法ではない」**。さらにいえば最良の方法ですらないかもしれません。思いやりあるリーダーであれば、あなたのチームは、集団としてあなたと同じくらいの（あるいはそれ以上の）能力を持っているはずです。チームを頼り、彼ら独自の問題解決方法を利用しましょう。リーダーはエゴを手放し、周囲を意思決定のプロセスに巻き込みましょう。彼らがあなたを信頼しているように、あなたも彼らを信頼しましょう。

第9章

レジリエンスを鍛える

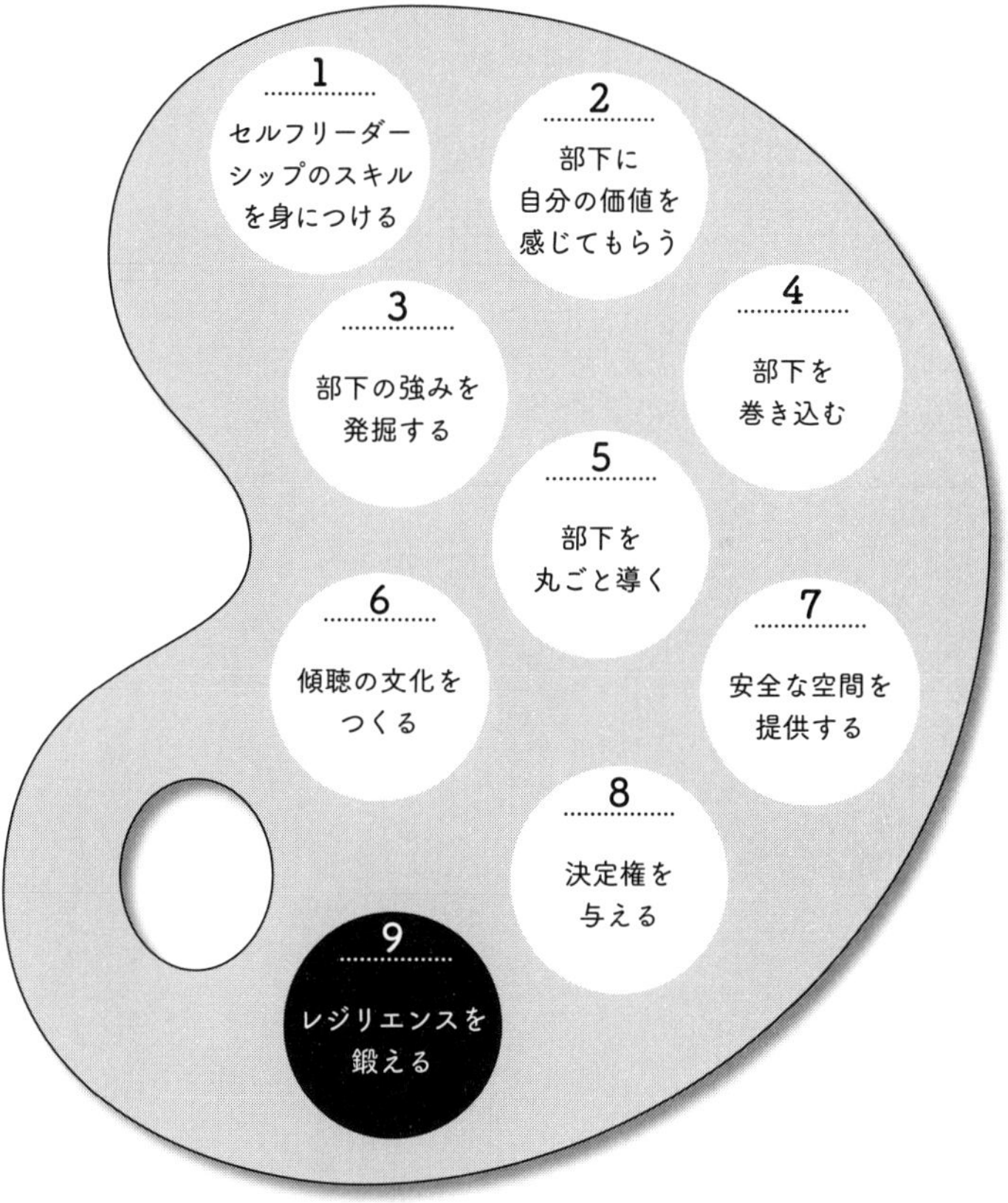

「思いやりあるリーダーシップ」フレームワーク

苦痛がなければできなかったこともあったでしょう。苦痛を味わうとき、たくさんの素晴らしい人と素晴らしい機会も同時にもたらされるのです。

ゴーコーチ　共同創業者兼CEO　クリスティ・マッキャン・フリン

障害や困難は、職場の内外で常に存在します。思いやりのあるリーダーは、部下がそこから立ち上がる力――**レジリエンス**――を鍛えることに注力しています。彼らが避けることのできない逆境に立ち向かい、打ち勝ち、より強くなれるよう手を差し伸べるのです。例えば、部下が現状を見つめ直し、身の回りで起きている問題から学び、困難や障害をキャリアにおける成長と前進の機会、人とより深いつながりを築くための機会として捉えられるよう手助けをする必要があります。

私がこの本を執筆している現在、世界中がパンデミックの渦中にあります［2020年から大流行し始めた新型コロナウイルス感染症を指す］。人類の歴史において未だかつてないほど、リーダーが立ち上がり世界のレジリエンスを高めることが重要になっています。レジリエンスとは「不運や変化からすぐに回復する、あるいはそれらにすぐに適応する能力」を指します。(注1)

この能力を高めるためには、レジリエンスが必要となるような困難や障害、逆境に向き合う必要があります。言い換えれば、レジリエンスという力を育てるためには「困難」が必要なのです。

なぜリーダーは部下のレジリエンスを鍛えなくてはならないのでしょう？　その理由は、彼らが苦境から立ち上がるのが早ければ早いほど、チームや組織を前進させるのも早くなるからです。

私がレジリエンスを得た理由

「はじめに」で触れた通り、私も幼少期にそれなりの苦難を経験しました。ここでは私が親族から拒絶された一連の経験から、どのようにレジリエンスを獲得するに至ったかを紹介します。私は異人種・異宗教間結婚の両親のもとに生まれ、このバックグラウンドによって、普通の人とは異なる困難の多い幼少期を過ごすこととなりました。

母方の祖父母は私のことを愛してくれてはいましたが、白人の母が黒人の父と結婚したことを恥じていました。私は両親の結婚を常に祖父母に思い出させる存在であったため、公な家族の集まりの場に呼ばれたことは一度もなく、祖父母の家に私の写真は1枚も飾られていませんでした。私が除け者として扱われていることは明らかでした。初めて親戚の大きな集まりに参加することとなったのは祖母の葬式で、私はもう36歳になっていました。自分が親戚の集まりの場にいることが信じられませんでしたし、出席することを拒まれなかったのもそのときが初めてでした。

この一連の拒絶されてきた経験から私は、自分は取るに足らない人間だ、自分の声は聞いてもらえない、自分は価値のない人間だと感じるようになっていました。しかし私には選ぶ権利がありました――このまま自分の過去に浸って生きていくのか、それともこの辛い経験から得たレジリエンスを発揮し、過去を糧にして、他の人が同じくレジリエンスを獲得できるよう手を差し伸べるのか。私は後者を選びました。また一方、異人種・異宗教間結婚の両親のもとで育ったことは多くの利点もありました。なかでも最大の利点は、1つのことをあらゆる側面から見る能力がつき、客観的な視点と共感力を併せ持つことができるようになったことです。とはいえやはり、ときには過去を思い出しては苦しみ、誰かに救い出してほしいと思うこともあります。同じように、リーダーが導く部下たちも救いの手を必要としているのです。彼らは、人生における危機的な状況から抜け出せるよう導いてくれる存在を探しています。

相手を導く存在となる

困難に直面した従業員が、マネージャーや上司といった目上の存在を頼ってはいけないと感じていることは多いかもしれません。重要なのは、心を開いて相談役となり、従業員の現状について別の見方を提示してあげることです。

ファーストバンクの社長兼CEOであるジム・ロイター氏は、従業員から生活上のつらい経験について相談されたときのことを思い返し、そのような相談を持ちかけられるのは光栄だと述べました。「信頼できる相手であると、自分を苦境から救い出してくれる存在であると思われていなければ、そういったことは起こり得ませんから」と彼はいいました。

数年前、私の娘が友人関係に悩んでいた時期がありました。ある友人から利用されているように感じていたものの、どうやって相手に話を切り出せばよいかわからなかったのです。その子と仲違いしたら周りにどう思われるかを半月ほど心配し続けていた娘に、私はいくつかの選択肢を伝えました。また、その友人と話す内容を考えているあいだ、感情的にならないよう手助けしました。それにより娘も自信を持って相手と話ができたようでした。それ以来、娘はその子と疎遠になってしまったものの、自分の精神衛生のためにはこれでよかったのだと納得しています。私は途方にくれていた娘を導く役割を務めることができました。

私たちはみな困難な状況に直面します。人生で一度も苦境に立たされたことがないという人はいないでしょう。悩む彼らが考え方を変えられるよう手助けすることも、思いやりを示す方法です。コロラド州ジェファーソン郡の郡長であり、かつて軍隊でリーダーを務めていたドン・デイヴィス氏は、このように説明しました。

軍隊にいた頃、陸路運行にコンパスを使っていました。目的地にたどり着くためには、目的地のおおよその方角を示す方位角［基準となる方位を0度としたとき、目的地がそこから何度の位置にあるかを示す角度］を確認し、それに沿って進む必要がありました。川や湖といった障害物があると、コンパスをその向こう側に向けて、障害物を越えたときに戻ってくるべき基準点を定めます。それからコンパスをポケットにしまい、その障害物を避けて迂回します。次に、基準点まで戻ってきたら、コンパスをポケットから取り出します。そしてまた方位角に沿って進み始めるのです。ビジョンを持つことは、よいときも悪いときもあなたの助けになります。成功という名の山によって目がくらんだり、絶望やトラブルという名の谷底に迷い込んでしまったりすることもあるかもしれません。しかしそんなときこそ、自分を導くビジョンを持っていなければならないのです。

ドンの話を聞いて素晴らしいと感じたのは、私たちリーダーが部下にとっての方位角となれるということです。私も、あるチームメンバーにとってそんな存在となった経験がありました。そのチームメンバーは経営陣へのプレゼンテーションに緊張しており、私はその緊張をなくすために、経営陣に対する捉え方を変えるよう努めました。彼らも所詮私たちと同じただの人間なのだと伝えたのです。相手も人間であり、恐れるべき存在ではないと思えるようになったことで、彼女は不安を拭い去ることができました。そしてプレゼンテーション後、その事業を勝ち取ることができました！　私は彼女がいつもの素晴らしい調子を取り戻せるよう導く役割を務められたのです。

リーダーは、部下が未来のビジョンを描けるように手助けしなければなりません。思いやりのあるリーダーは独自の素晴らしいリーダーシップを発揮しながら、自分が遠回りをしてでも、部下が壁や障害物を乗り越えて本来の進路に戻れるよう助けています。リーダーはガイドであり、方位角でもあるのです。

勇気を与える

私と母方の祖母の関係は非常に変わったものでした。祖母は私を愛してくれましたし、私を一番応援してくれる存在ではありましたが、その一方で、自分の周囲の人々には私の存在を隠さなければならないと感じていたようでした。これを書いている今も、思い出してつらい気持ちになります。とはいえ、祖母は私が人生における恐怖に打ち勝ち、障害物に直面した際に心を強く保つための勇気をさまざまな形で与えてくれました。

私は家族との問題や拒絶された経験からレジリエンスを鍛えてきたのですが、そのような苦難をもたらした張本人である祖母こそ、いつも私に「不安がっている姿を見せてはいけない」「常に上を向いていなさい」と教えてくれた人なのです。そう伝えることで、私を思いやっていると示してくれていました。ムーブメディカル最高顧客責任者のマレオ・マクラッケン氏も同じように、部下に対する自分の役割をこう語りました。

私は人を励まし、人に勇気を与えることの力を信じています。勇気とは、恐怖や悲しみや苦しみに直面したときに行動を起こす力だからです。人生において私たちの足枷となるのはいつも、自分が恐れているものや、過去のつらい経験の原因となったもの……あるいは悲しさや苦しさを伴うものです。……これらによって、適切な行動を起こすことが阻まれてしまうのです。その行動自体を恐れているのかもしれませんし、その行動がもたらす結果を恐れているのかもしれません。恐怖心にもさまざまな種類があります。しかし、もし私がリーダーとして誰かに勇気を与え、今日起こせなかった行動を起こす一歩を踏み出してもらえたなら、それこそが私の最たるフォーカスであり、私のもっとも重要な仕事なのです。

リーダーはセラピストにもなれると聞いたことがあります。正式にその職業を名乗ることはできなくても、組織やチームが危機を迎えているとき、リーダーが深い共感や思いやり、心遣いを示しながら行動しなければならないことは多くあります。とはいえ、リーダーも完璧な存在ではありません。

私はポッドキャストに出演してくれたリーダー全員に、彼らがベストな状態を発揮できなかったときのこと、どのようにその状況から抜け出したのかを尋ねました。次に紹介するリーダーは、はじめは多くの困難を抱えていましたが、気づきを得たことで周囲の人々のレジリエンスを高められるようになりました。

ローズ・ファミリー・ファウンデーションのプログラム部長を務めるベニルダ・サミュエルズ氏は、市の福祉局で広報担当だった頃の貴重な体験について語りました。彼女がその役職を務めた2年半の間に、里親制度で引き取られた子どもが16人亡くなりました。そのような苦しい状況でも、彼女は自分や周囲が息をつくことを許しませんでした。彼女が不安や悲しみをむき出しにして、自分の能力を発揮できない状態に陥っていたことは否めません。ネガティブな感情は、リーダーシップを求めて彼女を頼った相手にも影響を及ぼしました。この経験から彼女は、「みんなを一致団結させ、しっかりと絆を保つ」ことで、チームの心の痛みを和らげながらその状況を乗り切るべきであったと反省するに至りました。

数年後、ベニルダは福祉局での苦い経験を生かして、その次に働いた組織の創業者を救う機会がありました。その組織は女性や子どもを助けることを目的として設立され、エビデンスに基づく取り組みを採用していました。そのため、組織の取り組みは常に第三者機関によって検証されていました。しかし、ある国の政府が調査したところ、その取り組みは女性や子どもの生活に影響を与えていないとの結果が出ました。人生を賭けてこの仕事に取り組んでいた創業者はひどく苦しみました。

この調査結果が記事として一般公開される前に、ベニルダは創業者と夕食を共にしました。福祉局での経験を思い出した彼女は、今の自分なら彼と話をし、彼のストレスを軽減してあげられると感じました。ベニルダは彼のためにカレンダーをつくったこと、そのカレンダーには彼のプログラムや取り組みによってよい影響を受けた赤ちゃんの写真が月ごとに載っていることを伝えました。そしてそのカレンダーを手渡しながらこういったのです。「明日何が起きようと、誰に何といわれようと、これだけは忘れないでください。ここに写った12人の子どもたちは、あなたのおかげでよい人生を送ることができるようになったのです。この子どもたちだけではありません。何千人もの子どもたちが、あなたのおかげでよい人生を送れるようになったのです。それはあなたのビジョンがあってこそ、成し遂げられたことなのですよ」

その後、記事が公開され、創業者が取材を受けたときにも、ベニルダは彼を励まし続けました。その結果、「彼が息を軽く吸いながらこれまでのことを振り返り、『その通りだな！』と心のなかで呟いたのがわかりました」と彼女は語りました。

ベニルダの話は非常に印象的でした。なぜなら、彼女の経験はシグネチャー・バンク共同創業者兼会長であるスコット・シェイ氏が述べた、説得力ある言葉と同じだったからです。「私たちはときどき、もっとも親しい相手との出会いのなかで、これまでの人生経験から生まれた素晴らしいものに気づくことがあります」。福祉局の過酷な状況のなかで働いた苦い経験によって、ベニルダは他の誰かが苦境に立たされているとき、その状況についての見方を変える力があることに気づきました。自分自身が立たされた逆境から、自分の新たな強みを知ることができたのです。さらには、自分の組織のCEOが目の前の問題に対処するための勇気を与えてあげることもできました。

アクアティクス・バイ・ランドスケープ・ストラクチャーズ・インコーポレイテッド本部長のアーロン・スコーゲン氏は、自分が組織のネガティブな側面にばかり目を向けて、チームメンバーをそばで支えてあげられなかったときの経験について語ってくれました。当時彼が勤めていた会社は苦しい状況にありましたが、彼はチームメンバーに寄り添うのではなく、反対に沈黙を貫いていました。チームメンバーの前に姿を現さず、本心を隠してしまったことで、アーロンは「組織内の緊張感を悪化させてしまった」といいます。これは彼にとって大きな教訓となりました。チームはリーダーの助けを必要としていました。そのような苦しい状況を乗り越える勇気を与えてもらいたかったのです。それ以来、アーロンは自分の下で働く人々の様子を見て回ったり、彼らと連絡を取ったりすることにフォーカスし始めました。すると、多くのチームメンバーが「これまで、どこで何をしていたのですか」と尋ねたそうです。彼は自分が取るべき行動がわからなくなっていたことや、彼らのそばにいてコミュニケーションを取ることがどれほど大切であるかを見失っていたことを正直に認めました。

アーロンの経験から学べることは、部下はリーダーが逆境に立たされたときに取る行動を見ており、それに倣って行動し始めるかもしれないということです。さらに、1人隠れて行動するのではなく、チームメンバーのそばにいてあげることでこそ、彼らが困難を克服する手助けができるのです。思いやりのあるリーダーは完璧な存在でないにしても、その行動の中心にはいつも、アーロンが示したような思いやりがあるのです。

チーム一丸となって乗り越える

第1章で、リーダーは自分の現状を別の角度から見直し、自分自身を信じるためのサポート体制が必要だといいましたが、部下もまた同じように自分をサポートしてくれるチームを必要としています。彼らが困難を乗り越えるために協力してくれる、より大きなチームをつくるのがリーダーの仕事です。思いやりのあるリーダーは、そのようなチームが自然に生まれるものではなく、多くの人の協力があってこそ成り立つものだと理解しています。

メンフィス市の最高人事責任者兼最高改変責任者であるアレックス・スミス氏は、このチーム形成を「協同、信頼、そして互いを心から頼りあうこと、その3つを結んだ中心にあるもの」と説明しました。「そこでは誰1人取り残された気持ちにならず、チーム一丸となって問題解決に取り組んでいると感じられます。みんなで共に達成し、共に成功すること、困難や失敗もみんなで共に経験することが大事です。そして、みんなで共に解決し、共に乗り越えていくのです」

これはリーダーにとって斬新で解放的な取り組みです。なぜなら、リーダー1人がチームメンバーの問題をすべて解決するスーパーヒーローにならなくてもよいからです。チーム内や従業員間の信頼を築くという仕事を全うすれば、「チームの力を借りて」、互いに助け合いながら困難を乗り越えることはもはや難しくありません。それによってチームや組織のモチベーションが高まるのです。

ヴァンガードで企業文化・従業員エンゲージメント長を務めるショーンティ・コックス・

ホランド氏は、逆境に屈しない信頼関係の築き方について語りました。「みんなに自分をもっと知ってもらうこと、チームに対し謙虚に振る舞い自分の弱さを見せること、そして人間らしくいることが大切です。人は失敗する生き物であること、それでよいということを知ってもらうのです。重要なのは失敗からどう立ち上がるか、どのようにチーム一丸となって物事に取り組むかです」

レジリエンスを高めることは筋肉を鍛えることと似ています。トレーニングなしには腕を引き締めたり強くしたりすることはできません。つまり、筋肉を鍛えるというのは、一度筋肉を痛めつけてから育てるということです。相当きついものですし、正しいやり方をすれば、汗まみれになってひどい筋肉痛に苦しみます！　レジリエンスを高める方法もこれと同じです。より多くの逆境に立ち向かい、より多くの困難を乗り越えるほど、人々のレジリエンスという筋肉が育つのです。障害や困難、危機や逆境はすべて、レジリエンスを鍛えるための機会として捉えてください。リーダーは部下がそう考えられるように手助けしてください。

リーダーや部下のレジリエンスを鍛えるためには、次のような方法で困難な状況を活用できます。

●**逃げ出さない。**私たちは恐怖心を抱いたときや現状を変える必要があるとき、本能的に逃げ出そうとします。これはトレーニングやマラソンを途中で投げ出してしまうようなものです。高く掲げた目標に正面から向き合い、最後までやり抜いて達成しなければ、求める結末や結果にたどり着くことはできません。自分の身を守るための予防策をとってはいけないという意味ではなく、むしろそのような対策は進んで取りましょう。そのうえで、日々自分を最高の状態に保ち、足を踏ん張り続けることが大事です。それだけで自分のレジリエンスも、自分が導く相手のレジリエンスも鍛えられます。

●**明るい面に目を向ける。**私はTEDxに登壇した際、「再構築」(注2)をテーマに話しました。**再構築する**とは「(物事を)当初と異なる方法で組み立て直すこと」(注3)を指します。これは複雑なプロセスではありませんが、だからといっていつも簡単に実践できるとは限りません。基本的な方法は、自分が現在置かれている状況について、そこに関連するあらゆる非合理的な思考も含めて考え、そのうえで意図的に見方を変え、非合理的な考えをより合理的なものに置き換えていくことです。物事を再構築すると、大抵どんな状況についても明るい側面が見えてくるようになります。困難や危機、逆境を乗り越えようとしたとき、再構築は私たちの最大の秘密兵器となるでしょう。

●**教訓を得る。**逆境や困難が与えてくれる最大の恩恵は、そこから得られる教訓です。困難な状況が過ぎ去るのをただ待っているだけでは、それはただのピンチに終わってしまうでしょう。自分が置かれた状況に立ち向かい、心を落ち着けて、よりよい自分になることを学ぶことで、レジリエンスを鍛えることができます。

●**より大きなミッションにフォーカスする。**大きな逆境を乗り越えてきた人々と話すと、全員が共通して述べることがあります。それは「前に進み続けること」にフォーカスするという点です。部下にも同じようなフォーカスを持ってもらうためには、本書に登場した多くのリーダーが語ったことを実践し、部下がどこにいても忘れることのない、彼ら自身のミッションを見つける手助けをすることです。私は自分自身、あるいは自分の直面している問題よりも重要なミッションにフォーカスすることで、困難な状況から抜け出す一歩を踏み出し、二度と振り返らずに進み続けられると学びました。そのミッションに狙いを定め、そこから目を逸らさずにいられるようになるのです。これは、思いやりあるリーダーにとっての強力な武器となるでしょう。

大切なことは、レジリエンスを高めるためにはまず、逆境や困難に立ち向かうことです。思いやりのあるリーダーは、部下にとってのガイド役となり、彼らが向き合うことを恐れている問題に向き合う勇気を与えます。そのために自分が手本となってそのプロセスを示したり、チーム全体の力をかき集めたりすることもあります。バーストアイキュー創業者兼CEOであるフランク・リコッタ氏は、リーダーについてこういいました。「先が見えない場面や状況でも、進むべき方向を示すのがリーダーの仕事です」

実践 「本当の」思いやりあるリーダーシップの美学

私たちはみな、困難や障害にぶつかります。リーダーに与えられた責任とは、部下がその困難に決断力と勇気を持って向き合えるよう手を差し伸べることです。彼らが感情的になっていると感じたら、彼らに寄り添って耳を傾け、そのうえで客観的かつ冷静に応えるように努めましょう。共感を示すことも大切ですが、リーダーの役割は、部下が山の大きさを測る手助けすることなのです。

思いやりあるリーダー▼ハイライト紹介

シンシア・グラント（オールヘルス・ネットワーク 最高執行責任者兼最高臨床責任者）

●**インタビュー回**：エピソード85 〝Leaders with Heart Understand That Their Own Brokenness Is a Gift［心で導くリーダーは、自分のいびつさは神様からのギフトだと理解している］〟

●**業界／専門分野**：医療（地域精神衛生）

●**アハ体験**：シンシアが精神衛生に関する仕事に携わるようになったのは、波乱万丈の幼少期に端を発していました。「私の両親には薬物中毒、精神疾患、家庭内暴力、育児放棄といったさまざまな問題があり、あまりにひどかったため、最終的に私と弟は福祉局によって保護されました」と彼女はいいました。まだ幼かったにもかかわらず、彼女は自分と弟を支え、面倒を見る責任を負うことになったのです。両親が彼らなりに努力していることは理解していたものの、自分が求めるロールモデルになることはないと悟ったシンシアは、自分自身がよいリーダーになるしかないと考えました。そのなかで彼女は「逆境から立ち直る方法や、困難な状況を意味あるものとして捉え直す方法を学びました。自分に重要な役割を与え、そこに全力を注ぐことができれば、物事はよい方向に進み始めると知ったのです」と語りました。自分の使命を見つけたシンシアは、自身の強さと忍耐力を仕事に注ぎ込み、その他さまざまな役割においてもその力を生かすことができると気づいたのです。

●思いやりあるリーダーシップの体現方法：本章ではレジリエンスの本質、そしてなぜリーダーが自分のレジリエンスを高め、自分が導く相手にもその方法を伝えなければならないのかを紹介しました。シンシアはレジリエンスが重要であることを身をもって示してくれました。さらに、彼女のキャリアにおける成功が証明するのは、レジリエンスは職場以外の場で鍛えられることも多いということです。シンシアの過去は彼女のすべてではありませんが、それでも彼女の人生や仕事に対する考え方に大きな影響を与えました。「私の過去は、私のリーダーシップにおける信念をよく表しています——人は善意に基づいて行動している、人は自分にできる最善のことをしていると信じることです。……それが私という人間を成す一部であり、自分がそのような人間であることを誇りに思います」

●指針となる哲学：「失敗や逆境はリーダーの歩む道に必然的に伴うものである」。そこから教訓を得て、周りの人が同じように教訓を得る手助けできるかどうかはリーダー次第です。失敗の経験は恥をかくとしても、成長と学びのための価値ある機会になりうるとシンシアはいいます。「リーダーとして失敗すると、たくさんの苦しみを味わったり、たくさんの恥をかいたりします。しかしそれは、自分の存在価値を高め、自分本来の姿を見せるための機会と表裏一体であり、自分の価値観にそぐわない行動をとっていたことに気づく機会でもあるのです」。結論として、人を導くことに卓越したリーダーは、自分の失敗から立ち直り、失敗によってレジリエンスを高め、部下もまた失敗をばねにレジリエンスを鍛えられるよう手助けしています。

第10章

思いやりある
リーダーシップの
投資対効果

AIや自動化がますます主流となっていくこの世界において、人と人とのつながりはそれほど重要な価値を持たなくなったと考える人もいるかもしれません。しかし、チームに思いやりを示し、サポートすることで、チームメンバーの頑張ろうという意欲や、何としても結果を出そうという使命感を高めることができるのです。……それは結果的により素晴らしい業績をもたらすのです。

ヴァンガード 企業文化・従業員エンゲージメント長　ショーンティ・コックス・ホランド

以前から囁かれてきたことですが、「ソフトで優しい」リーダーシップは、ROI（投資対効果）面で非効率的だという意見があります。本書では、従業員が職場で得られる経験をよりポジティブなものにしたり、彼らとより深い関係を築いたりするためのリーダーシップスタイルについて紹介してきました。

ここで忘れずに触れたいのは、リーダーたちの思いやりある行動が継続的に続けば、どのようなハード面の成果があるのかということです。ビジネスの意義は、顧客や地域にサービスを提供すること、それによって利益を生んで繁栄することです。その事実に異議を唱えるつもりはなく、その「方法」を手助けするのが私の使命です。業績を伸ばしてくれる人々にポジティブな感情を生み出すことこそ、大きな事業目的を達成する「方法」です。

戦略としての思いやり

コリー・バーバック氏は、こんな真実を語りました。

私たちはみな、いとも容易く……日々の業務に忙殺されてしまいます。職場でやらなくてはならないことを10個抱えて、家に帰ったら帰ったでやることが10個ある、そんなときもあるでしょう。忙しなく走り回っているときに……誰かがあなたの元を訪れて相談があるといってきたら、「ごめん、いま時間がないんだ！」といってしまうのではないでしょうか。しかし、その相談に乗ることこそが一番大切な仕事です。従業員が求めるものを見つけ出すこと、彼らを指導し成長させる方法を知ること、彼らが求めていた機会を手にしたときの喜んだ表情を見ること、それが非常に大切です。ただ仲良しこよしな関係を築きましょうということではありません。これらは従業員のポテンシャルを解放し、リーダーのビジョンをより早く達成するために、戦略として重要な仕事なのです。

非上場企業であるサービス・エクスプレスCEOを務めるロン・アルベステファ氏は、従業員にフォーカスした企業文化づくりに努めてきました。彼の努力が功を奏したことは業績を聞くまでもなく明白ですが、彼は、思いやりあるリーダーシップがただそれだけで戦略として成り立つのだと教えてくれました。

よくある間違いは、「業績と企業文化、どちらにフォーカスすべきか」と考えてしまうことです。そう考えてしまう人は、優れた企業文化と従業員第一の姿勢こそ、期待を上回る業績をもたらすということを理解していません。リーダーは二者択一を迫られていると思っていますが、それは間違いです。業績をもたらしてくれるのは従業員です。従業員がいなければ業績を上げることはできません。しかしリーダーはなかなかその事実を理解できないのです。データや業績だけを見て従業員を追い込むほうが、ある意味簡単ですから。

ロンは考えを改め、リーダーとしての振る舞い方を変えたことが結果に直結したと語りました。

私が会社に入った当時、会社の収益は300万ドル［約3億円］にも達していませんでした。それが現在は1億3000万ドル［約130億円］まで成長しています。……そして最初はたったの15人しかいなかった従業員も、いまでは500人近くまで増えました。つまり、私のリーダーシップはソフト面の成果に限られたものではないのです。ソフト面に力を注ぐことがハード面の成果につながり、私たちはこのやり方で結果を出してきました。「私は業績を上げたいんですよ！」という人がいますが、それは私も同じですし、実際に私たちの会社は業績を上げてきました。しかし、その業績は、従業員のみんながいたからこそ得られたものなのです。

従業員への向き合い方を変えたことで組織文化がどう変化したかは、メンフィス市のアレックス・スミス氏も同様の成果を語りました。彼女は「適切なリーダーを適切な場所に」配置し、より価値の高いトータル・リワード［金銭的報酬だけでなく、働きやすい環境や福利厚生といった非金銭的報酬を含む包括的な報酬体系］など多くの利益を従業員に提供することで成果を得られたそうです。

私がこの役職に就いた当時……グラスドア［現社員や元社員による企業レビューが掲載された米国の求人情報サイト］における総合評価は2・5、CEOの支持率は32パーセントと低く、レビューコメントも……組織や職場環境についての厳しい批判ばかりでした。しかし現在のグラスドアを見ると、総合評価は5点満点中の3・5、CEOの支持率は91パーセントです。さらに従業員エンゲージメントのスコアは、はじめは50パーセントだったものが、現在は74パーセントまで伸びました。

また、ダブリューディー・フォーティ・カンパニー会長兼CEOであるギャリー・リッジ氏（本章「思いやりあるリーダー　ハイライト紹介」参照）が語った内容は、思いやりあるリーダーシップのケーススタディのなかでもひときわ奥深いものでした。彼は従業員に対して、そして従業員がホームと呼べる企業文化をつくることに対して、明確なフォーカスを持っています。ギャリーが得たハード面の成果は次のようなものでした。

弊社では従業員エンゲージメントを20年以上測定し続けていますが、誇らしいことに、現在エンゲージメントの高い従業員の割合は、海外拠点含む全社で93パーセントでした。さらに、私たちの仲間［従業員］の99パーセントが弊社の社員であることを喜んで人に話せると回答し、96パーセントが彼らのコーチ、つまり上司にあたる存在を尊敬していると回答しました。いち企業として、弊社の経済的原動力［利益を生み出す仕組みや方法」はかなりうまく機能しているといえるでしょう。会社の時価総額はわずか3億ドル［約300億円］から現在では24億ドル［約2400億円］にまで成長しました。収益も4倍になり、エンゲージメントの高い従業員の割合も、ひどい数値から93パーセントまで伸びたのです。

このような成果を出すのは簡単なことではありません。オールヘルス・ネットワークのシンシア・グラント氏もまた、目を見張るほどの成果を得た経験を語りましたが、それについて話す前に、まずは組織が職員第一戦略によってどのように変化したかの背景を説明してくれました。シンシアは組織が少し前まで苦しい状況にあり、職員を解雇しなければならなかったこと、地域住民からも組織のあり方について不満の声が挙がっていたことを明かしました。組織は名誉挽回の必要がありました。そこで登場した新たなCEOは明確なビジョンを抱いており、それまで組織が目を向けていなかった職員第一戦略を取り入れることにしました。当時を振り返ってシンシアはいいました。「私たちは組織の枠組みを変え、職員のケアを最優先する戦略プランを掲げ、職員のエンゲージメントを高めること、彼らに必要な情報やツールを与えること、所属部署にかかわらず常に指示やサポートを得られる体制を整えることに力を注ぎました。その結果、当初30パーセント、ひどいときで42パーセントだった離職率が、わずか2、3年で現在の19パーセントまで改善したのです」

このような改善にとどまらず、シンシアの組織は職員の推薦を通じて、『ザ・デンバー・ポスト』紙上でデンバー・メトロポリタン・エリアのトップ・ワークプレイス2019の1つに選ばれました。この偉業をシンシアはこう語りました。「このような成果は、職員を大切にしようという努力やフォーカスの賜物です。金銭的な改善だけでなく、情報を与えることや心遣いを示し、彼らが声を上げられる環境をつくることによって、組織は劇的に変化しました。変化を起こした一員になれたことをとても誇りに思います」

ROIの最高指標としてのロイヤルティ

思いやりあるリーダーシップの「概念実証」［実現可能か、効果があるかを確かめる検証工程］を数多く目にしてきたなかで、特に素晴らしいものを紹介してきましたが、最後にダブティル・ソリューションズの創業者兼CEOであるアンディ・ボイアン氏の経験談を紹介します。

会社を創業した当時、アンディが一番心配していたのは、会社の経営をどのように立ち行かせるかでした。あるとき顧客の1社が請求書の支払いを延滞しており、アンディはその顧客の担当者であったチームメンバーに、支払いが完了するまでは作業を中断するよう指示しました。するとチームメンバーは異論を唱え、自分の給料からその顧客の未払い分を払うと申し出たのです。その従業員はこういいました。「お金だけが問題なら、お金を払ってもらうまで作業を止めてサービスを提供してはいけないというのなら、それには同意しかねます。未払い分は私の給料から差し引いてください。……このお客様は必ず支払ってくれますから」

彼の勇気と顧客に対するロイヤルティを目にしたアンディは、「何てことだ、自分じゃ絶対に気づけなかったことをたった今学ばせてもらった。自分は料金を払ってもらうことばかりに必死になっていた」と感じたそうです。たしかにアンディは、顧客に対する思いやりや共感を示さず、相手とのやりとりをただの取引としか考えていませんでした。このチームメンバーは一家の大黒柱で子どももいるにもかかわらず、自分の給料を進んで差し出そうとしたのです。アンディは彼の給料を差し引くことはしませんでした。代わりに心にゆとりを持ち、顧客に対する心遣いを示したのです。やがて顧客は未払いの請求書を全額支払ってくれたそうです。

もしこのチームメンバーが断固とした態度を示していなければ、アンディの指示に従っていたとすれば、いまではお得意様となったその顧客も離れていったことでしょう。思いやりあるリーダーシップを経営戦略のトップに置くべき理由はここにあります。シアトル市の情報技術局で局長を務めるキンバリー・ラビング氏は、このようにいいました。「どれほど素晴らしい戦略プランを立てようが、どれほどそのプランに心を躍らせようが、それは重要ではありません。もっとも大切で、もっとも価値あるリソースは、私たちの下で働いてくれる人々です。どんな行動を取るにしても、彼らのために種を蒔き、芽を育て、投資し、仕事を任せようという姿勢をその行動の中心に置かなければ、決して成功することはできません」

リーダーが最前線に立って周囲に思いやりを示せば、彼らは組織が前進するために行動し、想像を超えるほどの努力をしてくれるのです！　思いやりあるリーダーシップとは、数値で測ることのできないただの曖昧な概念ではありません。コリーも、ロンも、ギャリーも、シンシアも、アンディも、アレックスも、みな思いやりあるリーダーシップが組織の収益にポジティブな影響をもたらすことを証明しています。

思いやりあるリーダー▼ハイライト紹介

ギャリー・リッジ（ダブリューディーフォーティ・カンパニー会長兼最高経営責任者）

●**インタビュー回**：エピソード73 〝Leaders with Heart Help Their People Step into the Best Versions of Themselves［心で導くリーダーは、自分の下で働く人々が最高の状態で輝けるよう手助けする］〟

●**業界／専門分野**：消費財（化学製品製造）

●**アハ体験**：ダブリューディーフォーティ・カンパニーCEOという役職をオファーされたとき、ギャリーは過去の失敗を清算すべきときが来たと感じました。従業員がエンパワーメントされ、熱意を持って仕事に取り組めるような環境をつくる方法や、そのような環境をどうやってハード面の業績につなげていくかを真剣に考えました。彼はこう語りました。「さまざまな人に話を聞いて、自分の会社で実践したいと思える企業文化の特徴や側面はどのようなものか、それが実現可能かどうかを知りたいと思いました。もう一度大学に通って、リーダーシップの分野で修士号も取得しました」。徐々に、しかし着実に、ギャリーは職場にどんな変化が必要なのかを掴み始めました。「組織には明確で献身的な、従業員を第一に考えるリーダーシップが必要です。従業員が共に目指したいと思える真のゴールを設定するのです。組織の価値観は、従業員を縛り付けるものではなく、解放するものでなくてはなりません」。堅実で思いやりある企業文化づくりから始めれば、従業員がいやいや働いているときよりも、ずっと簡単に業績が伴うようになると彼は考えています。ギャリーは、組織の「感情的原動力」と「経済的原動力」を同等に重視した戦略で、それらを実践して会社を変えていったのです。

●思いやりあるリーダーシップの体現方法：本書の最終章では、思いやりあるリーダーシップの投資対効果にフォーカスしました。ギャリーのマネジメントによるダブリューディー・フォーティ・カンパニーの成功は、その投資対効果がどれほど豊かで力強いものであるかを示しています。ギャリーは「素晴らしい企業文化が、素晴らしい組織を生む」と信じています。企業文化づくりからはじまった彼のリーダーシップは、最終的に確固たる成果を生みました。

●**指針となる哲学：「思いやりあるリーダーは、人々を日々最高の状態で輝かせるために存在している」。**このシンプルな1文こそ、ギャリーのリーダーシップの核を成すものであり、この本の核を成すものでもあります。周囲の人々の人生に――どんなに大きな問題があったとしても――手を差し伸べ、彼らに対する本物の思いやりを示すことで、彼らはチームや組織の成功のために、リーダーの期待を超える活躍をしてくれます。

おわりに 準備は整いましたか？

成功を評価する基準は、いま困難な問題を抱えているかどうかではありません。その問題が去年と同じであるかどうかです。

元アメリカ合衆国国務長官（任期1953〜1959年）ジョン・フォスター・ダレス

みなさんは今、リーダーシップの岐路に立っています。多くのリーダーが、自分たちの会社を前進させてくれる人々が苦しんでいても、その状況に耳を傾けなくなってしまいました。悲しいことに彼らは、自分のエゴに身を任せ、従業員が共感や思いやりを向けてもらえないと苦しんでいても、そのような環境で利益を出すよう求め始めるのです。そのようなリーダーの多くは、個人としても組織としても、自分の下で働くすべての人々が受け入れられ、尊敬され、耳を傾けてもらえ、成長でき、心から気にかけてもらえるような環境をつくる努力をする気がありません。本書はそのようなリーダーのために書かれたものではないのです。

私はさまざまな場所でのさまざまな仕事が、自分に与えられた使命であるとよくいっています。そういうと聞こえがいいからではありません。それが本当のことだからです。これまでのどの職場でも、私は周囲との違いを感じてきました。自分のことを「5人分の知恵を持つ人間」と呼んでみたりするのですが、そう確信したのは、リーダーシップという役割を与えられたときでした。私は最終的に経営幹部リーダー陣の話し合いに参加するまでになりましたが、いつも顧客や従業員の声を代弁してきました。どのような話し合いの場であっても、私は自分が彼らの代表でありたいと考えてきました。

人は正しいことをしたいと思っているでしょうし、自分は周囲に対する思いやりを持っている、なんなら手助けまでしていると考えているでしょう。でも、人間のエゴや一方的な主張は多いものです。顧客や従業員の求めるものを聞いて、皮肉をいったり、保身に走ったり、自分の特権を守ろうとしたり、甘い考えを持ったりしているリーダーも少なくありませんでした。そのようなリーダーたちの意見を、ときには私個人への批判と受け取ってしまうこともありました。しかし問題の根源は私ではなく、そのリーダーたちのほうにありました。彼らは問題解決や導き、安心や意義ある仕事を求めて自分を頼ってくれる相手に対して壁をつくり、継続的に心遣いや優しさを示すことができていなかったのです。

リーダーシップとは、過去の経験の集大成です。画家が作品ごとに使う色を選び、作品にこめられた感情を最大限に引き出すように、リーダーシップにおける行動も——優れたものもそうでないものも含めて——個人の感情と深く結びついているのです。私たちは過去の経験の寄せ集めで成り立っています。人生ではいろいろなことが起こりますが、さまざまな選択を下すことで、その選択がカラーパレットに広がる色となり、リーダーシップという旅路を美しい芸術作品として彩ることができるかどうかが決まるのです。

少し前、娘が学校の授業で、とあるビューティーサロンを経営する女性のドキュメンタリーを観たそうです。その方は世間が「ボロボロである」とみなすような女性に手を差し伸べていました。サロンに来る女性はみな、虐待や性的暴行の被害者、あるいはホームレスでした。しかしこのサロンに足を踏み入れたのち、オーナーの手によって美しい姿を取り戻したのです。

どの女性も、サロンを訪れたときは人生に疲弊していて、人に対する敵意を抱き、少し乱暴であったりもしました。それでもオーナーは彼女たちに愛情を示しながら、髪やネイルを整え、ひび割れた足にマッサージを施したりと、普通の人ならしないようなたくさんのことをして、彼女たちの気持ちを晴らしてあげたのです。たったの4~5時間で、女性たちのあいだには会話が生まれていました。互いに励まし合い、「あなたなら大丈夫！」と声を掛け合って、苦しみを抱えた女性同士、互いにインスピレーションを与え合う存在になっていたのです。

このサロンオーナーは、ほんの数時間で女性たちの壁を打ち砕き、心の棘を取り除くことができました。これは彼女が女性たちに心遣いと優しさを示したからこそできたことです。彼女は、女性たちに思いやりを示しました。

リーダーが周囲に愛情と思いやりを注ぎ、明確なビジョンを示し、彼らは大切な存在であると感じさせることで、彼らは自分自身のモチベーションを高めることができます。その結果、組織やリーダーのためにもっと頑張るようになります。より自信を持てるようになった彼らは、世界が違って見え、もっと努力する心構えができるのです。

ここで、私がポッドキャストのタイトルを決めたときのことについて触れたいと思います。当時、私は親友であるサラ・エルキンズ氏が主催した「No Longer Virtual（ノー・ロンガー・バーチャル）」という会議に出席しており、そこにはゴーストライターで大人気テック系ポッドキャストのホストとしても活躍するニール・ヒューズ氏もいました。2人でポッドキャストの話をしていると、ニールが私に手を貸すといいました——私がリーダーたちにインタビューをして、技術面のことはすべて彼が担当すると。ニールとはすでにSNS上のグループで知り合いだったため、信頼できる人物だとはわかっていました。タイトルを考えないとね、と彼にいわれたとき、私の頭に最初に浮かんだのが「Leadership With Heart〔心で導くリーダーシップ〕」でした。しかし、ニールは家に帰ってもう一度考えてみてといいました。そこで他の案も考えてみましたが、やはりそのタイトルが頭から離れませんでした。

その理由は、「心で導くリーダー」こそ私自身を指す言葉であり、私が世界中にあふれてほしいと夢見るものだからです。心で導くリーダーシップ、つまり「思いやりあるリーダーシップ」こそ、人が抱える心の穴を、家庭でも職場でも埋められるものだからです。人はみな職場の内外でたくさんの苦しみを抱えており、本当の意味で自分に思いやりを向けてくれるリーダーを求めています。いまこれを読んでいるあなたこそ、そのようなリーダーになれるのです！

思いやりのあるリーダーになりたいと切に願うリーダーは葛藤を抱えています。なぜなら、人は完璧ではなく、失敗したり、以前のやり方を繰り返してしまったり、自分のエゴに飲み込まれたりして、周囲の人々よりも自分自身のことばかりを考えてしまうことがあるからです。思いやりあるリーダーの必須条件とは、知らず知らずのうちに他者に空けてしまった心の穴に気づき、自分を変えたいと望むこと、そのために必要な行動を取ろうとすることです。

リーダーはしばしばチームで問題解決に取り組んで結論を出しますが、リーダーシップ自体は個人競技です。つまり、リーダー1人1人が感情的知性を発揮して、人としてどうあるべきか、どのように世界や世界中の人々に影響を与えるかを考えること、そして他者にもっと寄り添い、柔軟に変化し、自分の周囲にいる人々をさらなる高みに導こうと努めることで、自分のリーダーシップを進化させることができます。私たちは、自分が進む道を自分で決められます。リーダーシップとは選択の積み重ねです。他者のために行動するのか、それとも自分の殻に引きこもるのか、リーダーは多くの選択をしなければなりません。

ホークアイの社長兼最高顧客責任者であるイアン・ソーン氏は、ここに豊かな彩りを加える言葉をくれました。「他の誰かのリーダーシップを丸ごと真似することはできません。知り合いや尊敬する相手のやり方を少しずつ取り入れることはできますが……1日の終わりには、そのような学びを自分のリーダーシップスタイルに反映し、自分らしさを忘れないようにしなければならないのです。他のリーダーを下手に真似するのが一番いけません」

組織が1年や四半期といった短期間の成功をおさめることはあるかもしれませんが、従業員を第一に考えていなければ、その成功は長続きしないでしょう。組織は人で成り立っています。そのヒエラルキーの頂点にいる一握りの人たちが、どの計画にゴーサインを出すのか、どこにどれくらいの予算を割り当てるのか、誰を昇進させるのか、どのような言動をよしとするのか、どのようなインセンティブを与えるのかを決めています。このサイクルが白日の下に晒されないまま繰り返されることも多く、そうするとこの意思決定プロセスはますます顧客や従業員の声から乖離した、独占的なものとなってしまいます。

もし投資対効果に大きくフォーカスしていなかったとすれば、代わりにまずは従業員に対し、日々の行動のなかで心遣いと優しさを示すことにフォーカスしたとすれば。そしてこのように新たに設定したフォーカスが、従業員や顧客の声を聞き、リーダーを成長させ、その効果を測ることにより重きを置くものだとすれば。そのようなフォーカスがどれだけのロイヤルティ、生産性、イノベーションといった価値あるものをもたらすか、みなさんはもう理解できるでしょう。

従業員の足を引っ張る職場ではなく、彼らのモチベーションを高める職場を想像してみましょう。職場に向かう従業員が「私に対する思いやりもない、私のことを知りもしない人たちばかりの職場になんて行きたくない」ではなく、「私は大事にされている！　早く職場に行って、上司やチームや組織のために働きたい！」と感じられたら、素敵な1日のスタートになると思いませんか？　リーダーにはそれを実現する力があるのです。

次に目指す場所

大事なことは、すべてはリーダーの行動から始まるということです。ええ、あなたです！目を背けないでください。あなたには、周囲の気持ちを変える力があります。あなたは自分の考えや行動を、この本で述べられている原理に沿って変える選択肢があります。自分は思いやりを持っているといいながら、その思いやりを心から示そうともしない、そのように接してもらいたいと願う相手の期待に応えようともしない、そんなリーダーをあなたは反面教師にすることができるのです。思いやりを示す具体的な方法をおさらいしましょう。

- まずは自分自信を導く。
- 部下に自身の価値を感じてもらう。
- 部下の強みを発揮する。
- 部下を巻き込んで問題解決に取り組む。
- 部下の置かれた状況に寄り添う。
- 部下が自分自身で決断できるようエンパワーメントする。
- 部下が反対意見や独創的なアイデアを共有できる安全な空間を提供する。
- 部下に耳を傾ける。
- 変化の激しい時代においてレジリエンスを高める手助けをする。

私は「おわりに」冒頭で引用したジョン・フォスター・ダレス氏の言葉を非常に気に入っています。というのも、思いやりあるリーダーシップの体現にあたって、自分の行動やその結果により責任を持つ重要性を表しているからです。私がこの本を書いたのは、あらゆるチームや組織のモチベーションを高めたいと願ってのことです。どの程度思いやりあるリーダーシップを発揮できているかを測り、日々の行動を通じて思いやりの示し方を改善し、サポートや導きを得るための方法を、なんらかの形でリーダーたちに示さなければ、その願いは叶いません。つまり、リーダーの行動を変えることができなければ、私のミッションは達成できません。

本書で述べてきたように、どの上司も自分は思いやりのあるリーダーであると、あるいはそうなりたいと思っていますが、ほとんどの人がさまざまな形でつまずいています。本書では、思いやりあるリーダーになるために必要な行動を紹介してきましたが、私にはみなさんが、その行動や結果に対する責任を持てるよう手助けする義務があると思っています。

行動とその結果に責任を持つために

私自身の責任と義務を果たし方を説明する前に、私の少し変わった部分について話したいと思います。私は相手に共感し、すぐに信頼関係を築くことができる、洞察力のあるリーダーだと思います。相手を成長させることに誇りを持って取り組み、相手が望む言葉をかけられるようなコミュニケーションに努め、世間が負け犬と考えるような相手にも寄り添います。しかし1つだけ私が苦手としているのは、データや数値を追うことです。細かなことが嫌いなのです。開業していないながらも弁護士でもあることを考えれば、おかしな矛盾といえるでしょう。

私は従業員エンゲージメントや企業文化に関するアンケートデータを深く掘り下げることや、フォーカスグループやカルチャーチームに参加して従業員の声に積極的に耳を傾けることについては喜んで取り組んでいます。そのようなデータが他のデータと異なるのは、従業員の声を知ることが私の〝WHY《なぜ》〟［第1章参照］に必要であり、その〝WHY《なぜ》〟が細かなことを追う煩わしさに勝るからです。

私は従業員の本心を知りたいのです。彼らの本心を知り、その本心を経営幹部リーダーに伝えて、行動を起こしてもらいたいのです。そうすることによって、リーダーの考え方や言動は変えることができます。リーダーの考え方や言動が変われば、従業員がよい経験を得ることができ、エンゲージメントや定着率も高まります。つまり、長期的な思いやりあるリーダーシップには、データを集めること、責任を持って行動すること、諦めずにやり通すことが必要です。

本書の執筆に着手したとき、私は読者のみなさんが、自分がどの程度思いやりあるリーダーなのか測る方法を知りたいだろう、本書で紹介した行動を実践して成長する方法を知りたいだろうと思いました。そのため、産業・組織心理学を専門とする著名な企業の協力を得て、信頼性の高い「自己診断」を作成しました。この自己診断は自分の思いやりあるリーダー度合いを測り、自分の行動に責任を持つための第一歩として役立つでしょう。

診断プロセスについて

一般的な自己診断は、有用なものというよりは自己満足に終わるものが多いのではないかと思います。有用なものでも、どのような行動を取るべきかまでは詳しく説明されていなかったり、サポートや導きを得られる仕組みが用意されていなかったりすることも多く、自分が変化を起こすためにどのような行動を取るべきかまで知ることができない場合もあります。私は本書で紹介した9つの主な行動とそれに付随する行動に沿った質問、そして回答に応じてフォーカスすべき分野を示すアルゴリズムを作成しました。

自己診断と一緒に、私や私のチームメンバーが監督を務める「思いやりあるリーダーシップ」のためのオンラインコミュニティにもアクセスができるようになっています。このコミュニティにはさまざまなコースが用意された学習アカデミーもあり、診断結果や推奨項目から導き出されたフォーカスすべき分野に応じて、おすすめのコースが提案されるようになっています。この素晴らしいコミュニティは、みなさんが歩むリーダーシップという旅路の手助けとなるでしょう。

また、私や私のチームメンバーがディスカッションの司会進行を務め、アクションプランを磨き上げるマスターマインドグループ［共通の目標を持った人々の集まり］にもアクセス可能です。さらに今後は、コミュニティ参加者たちのフィードバックをもとに、自己測定・診断プロセスの助けとなる他の診断ツールも用意していく予定です。

加えて、コミュニティではコーチも紹介しています。彼らはあなたの診断結果を共に分析し、共に改善に取り組み、思いやりあるリーダーシップに続く正しい道を歩んでいけるよう手助けします。

自己評価や自己改革を手助けしてもらう理由

リーダーとしてどれほど「思いやりがある」のか、自分1人で正確に評価するのは難しいかもしれません。私の用意した自己診断は、リーダーとしての経験が浅い人でも理解しやすく、自分を変えるための次のステップも示されます。診断を受けた本人がコーチやメンターと共に診断結果を振り返れば、さらに多くの知見を得ることができるかと思います。

私自身、経営幹部リーダー向けのコーチを務めていますが、個人的には、顧客が自分の成長度合いを測る診断を受け、それに基づいてコーチングセッションを行うことが非常に有用であると感じています。診断結果があれば、自己改善を望むリーダーとの面談前、そして面談時の両方に、細かな部分まで評価・解析することができるからです。さらにそのような診断結果は、私とリーダーの両方が注目すべき点をピンポイントで正確に突き止められます。

これまで顧客から耳にしてきたのは、第三者視点での診断結果分析や次のステップへの導きがなければ、自分1人で四苦八苦するはめになったということです。正真正銘の思いやりあるリーダーになるとは、山あり谷ありの長く険しい旅路かもしれません。ですから自分1人で歩もうとするのではなく、誰かの力を借りるべきなのです。

最後に、「思いやりあるリーダーシップ」のためのオンラインコミュニティは、「思いやりあるリーダーの卵」が抱える疑問の解消にも役立ちます。また、リーダーに不足しがちな双方向のフィードバックやサポートも得られるようになっています。

さて、必要なものはこれですべて揃いました！　本書はもうすぐ終わりとなりますが、自分が思いやりあるリーダーシップという旅路のどこにいるのか、それを決めるのはあなた自身です。この本を読み終えたあと、心遣いや優しさについての話はこれっきりとしてしまうのもあなたの自由です。しかし私は、みなさんがこれからも私と共にこの旅路を歩み続けてくれること、そして「思いやりあるリーダーシップ　自己診断」を受けて、みなさんが自分の責任を果たせるよう願っています。

リーダーシップの旅路において、あなたは1人きりではありません。世界中のリーダーが共にこの旅路を歩もうとしています。思いやりあるリーダーシップは科学よりもアートに近いといいましたが、それはどのような行動で自分のリーダーシップを彩るかはあなたにしか決められないからです。

あなただけが、あなたの周囲に対する接し方を決められます。あなただけが、思いやりを示したいという願望を行動に変えられます。そして、あなたの手には筆が握られています。パレットが握られています。あなたは自分のキャンバスをどのように彩るか決めることができるのです。

スタート地点がどこであれ、住んでいる場所がどこであれ、働いている業界が何であれ、あなたには自分の振る舞いを変える力があります。より思いやりを示し、チームや組織のモチベーションを高める力があります。この旅路を歩むことは決して無駄にはなりません。新たな人生とポジティブな結果があなたを待っています！　変化を起こそうと1人1人のリーダーが努力すれば、世界中の職場に眠っている大きな力を呼び起こして、より多くのことを達成し、より健やかな社会をつくることができます。美しいキャンバスには、互いを心から思いやる人々に満たされた、つながりと愛情を感じられる文化が描かれます。私たちは共に美しいアートを生み出していけるのです！

かの有名な哲学者ソクラテスはこういいました。「変化の秘訣は、すべてのエネルギーを、過去と戦うためではなく、新たなものを築き上げるために注ぎ込むことである」。ぜひ、新たな素晴らしいアートを生み出していただければと思います。

思いやりあるリーダーシップ
自己診断

本書『ケアリング・リーダーシップ　優れたリーダーの「思いやり」のスキル』が、職場における思いやりあるサポートの重要性を証明し、従業員に「職場の一員として大切にされている」と感じてもらうための戦略をお伝えできていれば幸いです。「従業員に対して思いやりを持つ」ことが、あなた自身や他の人々の成功にとっても必要不可欠である理由はおわかりになったと思います。

そこで、リーダーシップの力を最大限に引き出す最初のステップとして、**「思いやりあるリーダーシップ　自己診断」**を受けることをお勧めします。

この自己診断では、あなたが現在従業員に対してどの程度、思いやりを示すことができているかがわかります。そして、より共感力のある、思いやり第一のリーダーとなるために必要なステップを学ぶことができます。あなたの求めるものが顧客満足度であれ、生産性向上であれ、従業員エンゲージメントであれ、チームと組織の成功度合いを高めるきっかけは「あなた」にあるのです。

自己診断はこちらから受けられます

THECARINGLEADERSHIPSELFASSESSMENT.COM

さあ、リーダーシップの旅路を歩み始めましょう。

ゲスト一覧

私のポッドキャスト「Leadership with Heart［心で導くリーダーシップ］」では、さまざまなリーダーへのインタビューを行っており、本書はその100件近い貴重なアーカイブから着想を得ています。このポッドキャストでは、思いやりあるリーダーの強み、試行錯誤や成功談、そして感情的知性の高いリーダーになるための実践的なアドバイスを紹介しています。ここでは、インタビューに出演してくれたゲストについての詳しい情報、および彼らが出演した「Leadership with Heart［心で導くリーダーシップ］」のエピソードナンバーを紹介します。

ア

アーリーン・メンドーサ：顧客やパートナーと協力してテクノロジーと政策の双方が持つ可能性を広げ、地域社会や公的支援システムを強化している組織、アルマ（Ａｌｌｕｍａ）の上席改革プログラムマネージャー。彼女のインタビューはエピソード１１０、〝Leaders with Heart Listen and Then Iterate.［心で導くリーダーは、耳を傾け、耳にした内容を反復している］〟で聞ける。

アーロン・スコーゲン：あらゆるウォーターパーク設備を提供している、娯楽施設と機械設備の設計施工会社、アクアティクス・バイ・ランドスケープ・ストラクチャーズ・インコーポレイテッド（Aquatix by Landscape Structures, Inc.）の本部長。アクアティクスチーム全体を指揮監督し、従業員エンゲージメントが高く熱心な組織文化を支える責任を担っている。また、営業、マーケティング、エンジニアリング、プロジェクト管理、物流、施工といった同社のさまざまな活動を指揮している。彼のインタビューは「Leadership With Heart［心で導くリーダーシップ］」ポッドキャストのEnlightened Leader［啓発を受けたリーダー］シリーズとして収録されている。

アダム・マッコイ：世界中に336店舗以上、従業員1万9300人以上を抱える、世界的な電子機器、電子サービス、電子ソリューション提供企業、アロー・エレクトロニクス（Arrow Electronics）の人事部長。複数のグローバル部門やコーポレート部門向けに人事ソリューションを設計し、ビジネス上の重要な優先事項達成に向けた一連のパイプライン構築・導入を円滑にしている。また、マイル・ハイ人材マネジメント協会（Mile High Society of Human Resources Management）の会長も務める。彼のインタビューはエピソード48、〝Leaders with Heart Are Fiercely Loyal to Their People.［心で導くリーダーは、自分の下で働く人々に強い忠誠心を持っている］〟で聞ける。

アレックス・スミス：メンフィス市の最高人事責任者兼最高改変責任者であり、約8000人の市職員と共に働く。彼女は市のタレントマネジメント［従業員のスキルや能力を最大限に活かすために、戦略的に採用・配置・育成等を行う人事マネジメント手法］、研修、社内広報、従業員エンゲージメント、ダイバーシティイニシアティブなどの業務設計を行っている。彼女のインタビューはエピソード86、〝Leaders with Heart Embrace Their People and Their Results.［心で導くリーダーは、自分の下で働く人々や彼らの業績を受け止めている］〟で聞ける。

アンディ・ブックス：アウトソーシング／オフシ

ヨアリング［企業の業務の一部または全部を海外拠点へ移すこと］を行う非上場企業であり、内勤型営業、アカウントマネジメント［主に法人営業で特定の顧客との関係を構築・管理すること］、インバウンド支援などのサービスを提供する国内有数の企業、セールリティクス（Ｓａｌｅｌｙｔｉｃｓ）の営業部長。彼は顧客担当の営業部員17人から成るチームでリーダーを務め、とある航空貨物速達／陸上輸送のトップ企業の漸進的成長を促進している。彼のインタビューはエピソード2、〝Leaders with Heart Have Integrity as Their North Star.［心で導くリーダーは、誠実さという北極星を持っている］〟で聞ける。

アンディ・ボイアン：デンバーを拠点として企業向けサービスを提供している、広報・ブランディング・ポジショニング［顧客に自社製品独自の価値を認識させ、他社との差別化を行うこと］企業、ダブテイル・ソリューションズ（Dovetail Solutions）の創業者兼最高経営責任者。彼は包括的サービスを提供するトップ非上場ＰＲ企業のＣＥＯとして、顧客と相互に利益をもたらす関係を築くことで、さまざまな機会を最大限に活用している。彼のインタビューはエピソード112、〝Leaders with Heart Lead First with Grace.［心で導くリーダーは、まず寛大さを持って導いている］〟で聞ける。

イアン・ソーン：共感力を発揮したクリエイティビティと強力なテクノロジーを活用し、カスタマージャーニーにおける唯一無二の経験をもたらす、北米最大手の顧客関係管理（ＣＲＭ）エージエンシー、ホークアイ（Ｈａｗｋｅｙｅ）の社長兼最高顧客責任者。以前はワンダーマン・トンプソン・セントラル（Wunderman Thompson Central）のＣＥＯとして、同社の可能性拡大を重視しながら業務全体を監督していた。彼のインタビューはエピソード65、〝Leaders with Heart Know They Must Give to Get and Grow.［心で導くリーダーは、何かを得て成長するためには、何かを与えなければならないと理解している」〟で聞ける。

イーサン・マン：コロラド州オーロラ市にある、抗生物質の効能を高めて耐性のある感染症と闘うための、幹細胞を利用した新たな開発をしている前臨床製薬会社、ヴァリダス・セルラー・セラピューティクス（Validus Cellular Therapeutics, Inc.）の最高経営責任者。彼はアメリカ国立衛生研究所の調査委員会の一員でもあり、国内全体の小企業の創立をサポートする、小企業の革新的研究への助成金審査を行っている。彼のインタビューはエピソード78、〝Leaders with Heart Intentionally Drive a Sense of Purpose in Those They Lead.［心で導くリーダーは、意識的に自分が導く相手の目的意識を駆り立てている］〟で聞ける。

ウダイヤン（U・J）・ジャタール：変革的な成長／影響をもたらすことに100パーセントフォーカスした、非上場のマネジメントコンサルティング企業兼完全一体型のイノベーションハブ、ブルー・アース・ネットワーク（Blue Earth Network）の創業者兼CEO。彼と彼のチームは、スタートアップ企業、中企業、グローバル企業のリーダーの研修とサポートを行い、変革的なビジネスの発見、発明、ブランディング、拡大に取り組んでいる。彼のインタビューはエピソード39、〝Leaders with Heart Look for Greatness Inside the People They Lead.［心で導くリーダーは、自分が導く相手に秘められた素晴らしさを発掘している］〟で聞ける。

エリック・バン・ブレイマー：アイオワ州全土、およびイリノイ州・インディアナ州・ミシガン州・ウィスコンシン州の多くを含む、経済的に多様な地域である連邦準備区第7地区の非営利金融機関、シカゴ連邦準備銀行の上席副社長。彼は上席副社長として、経済力を強化し、財政を安定させ、インクルーシブな文化をつくることで、公共の利益に貢献している。彼のインタビューはエピソード１１６、〝Leaders with Heart Have Care as Their North Star.［心で導くリーダーは、思いやりという北極星を持っている］〟で聞ける。

エリック・ヤコブセン：従業員約30人の小さなチームで構成され、魅力的なアップストリーム［探査段階］の石油・ガスへの投資機会を探索している非上場企業、カルニン・ベンチャーズ（Kalnin Ventures）の最高執行責任者。彼は石油・ガス業界で23年以上にわたりプロジェクト開発を成功させ、業務成果を挙げてきた長年の経験がある。彼のインタビューはエピソード23、〝Leaders with Heart Understand That in Order to Catch Fish You Must Cast among Them.［心で導くリーダーは、魚を捕まえるためには釣り糸を投げ込まなければならないと理解している］〟で聞ける。

カ

カーク・アダムス博士：盲目の方の可能性を広げる全国的な非営利団体であり、41人の職員を抱える、米国盲人協会（ＡＦＢ）の会長兼最高経営責任者。彼は仲間や政策立案者、事業主との戦略的関係を追求し、組織全体の発展を促進する役割を務める。彼のインタビューはエピソード１０９、〝Leaders with Heart Often Find Their 'Why' Through Their Adversity.［心で導くリーダーは、しばしば逆境のなかで自分の『Ｗｈｙ《なぜ》』を見つける］〟で聞ける。

カレン・ジョンソン：州全体にある12の刑務所、16の通勤刑務所、複数の出張所と本部オフィスに８６００人以上の職員を抱える、ワシントン州で２番目に大きな州機関、ワシントン矯正局のエクイティ＆インクルージョン［機会均等と多様性の受容］管理者。彼女は矯正局におけるエクイティ、ダイバーシティ、インクルージョンの専門家兼アドバイザーであり、これらに関する意識啓発の責任者を務めている。彼女のインタビューはエピソード１０６、〝Leaders with Heart Are Human and Give Others Permission to Be the Same.「心で導くリーダーは人間味があり、他者の人間味も許している」〟で聞ける。

キース・フライア：４５００人以上の職員を抱えて、世界最大規模の科学技術問題に取り組んでいる国立研究所、パシフィックノースウエスト国立研究所（ＰＮＮＬ）の運用システム・テクノロジー長。彼は現在、テクノロジー・政策・現場作業の統合による科学の実用化を専門としており、ミッションクリティカル「業務遂行に必要不可欠なITシステムについて障害や誤作動などが許されないこと」なソリューションを提供している。彼のインタビューはエピソード25、〝Leaders with Heart Understand That Attitude Reflects Leadership.「心で導くリーダーは、リーダーシップは態度に表れると理解している」〟で聞ける。

キャリー・ジェンキンス：ウェブ、携帯電話、インターネット接続機器の戦略立案・デザイン・開発を行い、リスク軽減やより早い成果達成に向けた最高クラスのソフトウエアを提供している、非上場のデジタル製品制作会社、サブステンシャル（Ｓｕｂｓｔａｎｔｉａｌ）の最高経営責任者。彼女はＣＥＯとして、より多くの女性がリーダーシップをとり、職場全体の成長に影響力を持てるよう促している。また、顧客関係管理、成果管理、ビジネス開発に関する専門知識を提供している。彼女のインタビューはエピソード62、〝Leaders with Heart Understand That Leadership Is an Iterative Process.「心で導くリーダーは、リーダーシップとは反復的なプロセスであると理解している」〟で聞ける。

ギャリー・リッジ：工場や家庭での多種多様なメンテナンスニーズに応える使い勝手のよいソリューションを提供し、世界的に販売・マーケティングを行っている上場企業、ダブリューディー・フォーティ・カンパニー（WD-40 Company）の取締役会会長兼最高経営責任者。彼は経営責任だけでなく、戦略立案や年間3億5０００万ドル［約３５０億円］まで成長した収益の管理、企業文化開発などの責任も担っており、１６０カ国以上でのマーケティング活動を指揮し、３５０人の直属の従業員を監督している。彼のインタビューはエピソード73、〝Leaders with Heart Help Their People Step into the Best Versions of Themselves.［心で導くリーダーは、自分の下で働く人々が最高の状態で輝けるよう手助けする］〟で聞ける。

キンバリー・ラビング：シアトル市の情報技術局で局長を務める。彼女は1万３０００人の職員の監督責任者であり、人事、職場におけるエクイティ・ダイバーシティ・インクルージョン、組織的なチェンジマネジメントといった、局全体の職務分野における戦略・運営リーダーシップ責任者も務めている。彼女のインタビューはエピソード1０4、〝Leaders with Heart Cultivate and Invest in Their People.［心で導くリーダーは、自分の下で働く人々を育て、彼らに投資している］〟で聞ける。

グスタボ・タバレス：優れた人事慣行評価における世界的権威であり、そのような人事慣行を促進して仕事の世界を豊かにしている、トップ・エンプロイヤーズ・インスティチュート（Top Employers Institute）のブラジル支社長。地域拠点のリーダーとして、ラテンアメリカにおける地域レベルと世界レベルの「トップ・エンプロイヤー」認定プログラム参加企業の管理、新たなビジネス機会の開発、洞察力のある地域密着型コンテンツの制作・配信といった責任を担っている。彼のインタビューはエピソード68、〝Leaders with Heart Create a Culture of Autonomy.［心で導くリーダーは、自立性のある組織文化をつくっている］〟で聞ける。

クリス・チャンシー：米国企業の雇用ニーズと国内の信頼できる難民人材のキャリアニーズの橋渡しをする上場人材派遣会社、アンプリオ・リクルーティング（Amplio Recruiting）の創業者兼最高経営責任者。彼は2025年までに25支店を展開するというビジョンの達成と、社内全チームに対する業務面・財政面のサポート提供にフォーカスしている。彼のインタビューはエピソード75、〝Leaders with Heart Work to Create Shared Trust.［心で導くリーダーは、信頼感が共有される環境づくりに努めている］〟で聞ける。

クリスティ・ターナー：革新的なレストランマネジメントソフトウエアを提供している、従業員200人以上を抱える非上場コンピューターソフトウエア企業、コンピート・レストラン・マネジメント・ソフトウエア（Compeat Restaurant Management Software）の最高マーケティング責任者。彼女は国内外における数十年の戦略的事業経験を活かし、製品マーケティング戦略、競争力のあるポジショニング、ブランド認知、デジタルプレゼンス、顧客定着率、社内外広報を監督している。彼女のインタビューはエピソード14、〝Leaders with Heart Don't Take Their Own Leadership for Granted.［心で導くリーダーは、自分のリーダーシップを当たり前のものと考えない］〟で聞ける。

クリスティ・マッキャン・フリン：大規模なコーチングを提供するプロフェッショナルコーチング企業、ゴーコーチ（GoCoach）の共同創業者兼CEO。彼女は戦略的な人事リーダーであり、チェンジマネジメント［組織変革を成功させるために従業員が変化を受け入れやすくなるよう支援すること」や組織開発にフォーカスしている。彼女のインタビューはエピソード50、〝Leaders with Heart Know That Their Lens Impacts Those They Lead.［心で導くリーダーは、自分の視点は自分が導く相手に影響を与えると理解している］〟で聞ける。

クリスティーナ・ウェグナー：世界中に従業員1300人を抱え、すべての事業部門における高品質なエンジニアリングと製造で名高い非上場企業、ヴォルラース・カンパニー（Vollrath Company）のマーケティング部長。彼女は金融サービス、配管設備、スポーツ産業などの分野で働いてきた経験がある。これらは一見すべて異なる業界のようだが、どの業界でも共通してブランド構築、関係性構築、人材開発といった役割を担った。彼女のインタビューはエピソード101、〝Leaders with Heart Create Space for Open and Honest Feedback.［心で導くリーダーは、率直で正直なフィードバックのための場をつくっている］〟で聞ける。

クリスティーン・ジョンソン：コロラド州2番手の預貯金取扱金融機関であり、利便性の提供と3000人の従業員に対する忠誠を尽くすことに献身している、コロラド最大手の地域主体型／非上場銀行、ファーストバンク（FirstBank）の人事本部長。彼女は人材採用、福利厚生、報酬、給与などの管理、退職金積立制度の管理、雇用法や労働法の遵守を監督する。彼女のインタビューはエピソード21、〝Leaders with Heart Give Themselves the Grace of Imperfection.［心で導くリーダーは、自分の不完全さを許している］〟で聞ける。

グレッグ・ワーゼン：ビジネスの定着・拡大・誘致活動を促進し、経営環境改善に向けた努力を支援している、エコノミック・デベロップメント・

コアリション・オブ・サウスウエスト・インディアナ（Economic Development Coalition of Southwest Indiana）の理事長兼最高経営責任者。2007年3月から彼のリーダーシップのもと、組織は地域のために32億ドル［約3200億円］以上の投資を行い、4000以上の雇用を確保し、7400万ドル［約74億円］の州・連邦助成金を獲得した。彼のインタビューはエピソード67、〝Leaders with Heart Naturally Think of Their People First.［心で導くリーダーは、自然と自分の下で働く人々のことをまず考えている］〟で聞ける。

クロード・シルバー： さまざまなプラットフォームでのエピソード紹介や、クリエイティブなキャンペーン企画にフォーカスしている、ソーシャルファースト［ソーシャルメディアの影響を理解したうえでサービス・プロダクト設計を行うという考え方］のデジタル企業、ベイナーメディア（Ｖａｙｎｅｒ Ｍｅｄｉａ）の最高愛情責任者。同社は約８００人の従業員を抱える非上場企業であり、彼女の使命は、人々に活躍の場を与える新たな方法を見つけること、職能成長のためのワークショップを開催して成長機会をもたらすことである。彼女のインタビューはエピソード55、〝Leaders with Heart Hold Space to Truly Connect with Their People.［心で導くリーダーは、自分の下で働く人々と心からつながるための場を持っている］〟で聞ける。

ケビン・パターソン： コロラド州唯一の医療保険マーケットプレイス［民間医療保険プランを直接比較・購入できる公的な医療保険仲介サービス］、コネクト・フォー・ヘルス・コロラド（Connect for Health Colorado）の最高経営責任者。この組織は個人・家族・小規模事業者向けに新たなオンラインプラットフォームを提供し、国からの補助金への唯一のアクセスを可能にしている。結果志向のリーダーであり、人材育成やシステム改善の監督を務め、また中核事業目標へのフォーカスや意識的思考によって、組織の業績改善に努めている。彼のインタビューはエピソード113、"Leaders with Heart Set a Clear Vision for Others to Follow.［心で導くリーダーは、周囲が目指すべき明確なビジョンを示している］"で聞ける。

コリー・バーバック：アイオワ州ダビューク市の市政担当官補佐。彼女は市庁の日々の業務管理において市政担当官を補佐し、700人の市職員の部署間協力を含む、データ重視でハイパフォーマンスな組織づくりの重要な役割を担っている。彼女のインタビューはエピソード96、"Leaders with Heart Understand That Leadership Is about Courage and Vulnerability.［心で導くリーダーは、リーダーシップとは勇気を出し、弱さをさらけ出すことであると理解している］"で聞ける。

サ

サラ・ビーレンバウム：企業の成功やチームの最大活用に必要なツール、関係構築、プロセスについてアドバイスし、スタートアップ企業や急成長期にある企業をエンパワーメントする、個人経営のコンサルティング企業、サラ・B・コンサルティング（Sarah B Consulting）の創業者兼社長。経営幹部リーダー、メンター、起業家として、企業のチームが拡張性のあるソリューションを生み出し、複雑な問題に取り組み、急成長するソフトウエア（SaaS）環境における変化を取り込めるよう促している。以前はオロ（Olo）のカスタマーサクセスチーム取締役として、20人から成るチームのリーダーを務めていた。彼女のインタビューはエピソード7、"Why Leaders with Heart Provide Safe Spaces for Their People.［心で導くリーダーが、自分の下で働く人々に安全な空間を提供している理由］"で聞ける。

サラ・ベルナール：ＩＴ関連のコンサルティングと導入、デジタルマーケティング、ウェブのデザインと開発といった情報技術サービスを提供する、約75人のチームメンバーで構成される非上場企業、グレイストーン・テクノロジー（Greystone Technology）の人事部長。彼女は人事・研修チームのリーダーやメンターなどさまざまな役割を担っており、採用、オンボーディング［新入社員の早期定着・戦力化のためのサポート・教育プログラム］、組織開発、戦略的な業績管理を通じて企業文化を動かしている。彼女のインタビューはエピソード52、〝Leaders with Heart Use Empathy to Understand Their People.［心で導くリーダーは、共感力を発揮して自分の下で働く人々を理解している］〟で聞ける。

ジェニファー・バトラー：２００人以上の従業員を抱える上場バイオテク企業であり、がんと闘う免疫機能を利用した抗体医薬によって患者の治療法改善に献身している、インネート・ファーマ（Innate Pharma, Inc.）の上級副社長兼ジェネラルマネージャー。彼女は薬学・バイオテクノロジー業界の複数の治療領域において、グローバルマーケティング分析や企業戦略といった部門に20年以上携わってきた。彼女のインタビューはエピソード6、〝Why Leaders with Heart Know That They Cannot Do It Alone.［心で導くリーダーが、1人では成し遂げられないとわかっている理由］〟で聞ける。

ジェニファー・フェアウェザー：コロラド州ジェファーソン郡の人事部長であり、３０００人以上の郡職員と共に働く。彼女は郡のリーダー陣と協力して、社内広報や組織開発に関する業務に取り組み、説明責任と従業員エンゲージメントの向上に向けた組織文化変革イニシアティブを促し、顧客サービス改善のための部門再編を行っている。彼女のインタビューはエピソード95、〝Leaders with Heart Care for the Whole Person That They Lead.［心で導くリーダーは、自分が導く相手のすべてを思いやっている］〟で聞ける。

シェリル・シモンズ：企業が抱える人材戦略とビジネス戦略のギャップを埋める手助けをしている人事コンサルティング企業、スリー・フライツ・エイチアール（３ｆｌｉｇｈｔｓＨＲ）のＣＥＯ。彼女は人事、コンプライアンス、法務など多岐にわたる分野を経験してきた熱心なビジネスリーダーであり、組織文化開発に関する専門知識を持つ経営幹部にとってのソートリーダーでもある。以前はマエストロ・ヘルス（Ｍａｅｓｔｒｏ Health）の最高人事責任者を務めていた。彼女のインタビューはエピソード76、〝Leaders with Heart Seek to Fill Emotional Bank Accounts.［心で導くリーダーは、信頼という名の銀行口座を満たすよう努めている］〟で聞ける。

シェリル・フラートン：カナダに拠点を置く上場メディア・コンテンツ企業であり、さまざまなプラットフォームで世界中の視聴者向けの高品質なコンテンツを開発・配信している、コーラス・エンターテイメント（Corus Entertainment）の人事・コミュニケーション部上席部長。同社のビジネス戦略の一部である人事、企業文化、企業広報の責任者を務め、３５００人以上の従業員をサポートするハイパフォーマンスな企業文化づくりを主導している。彼女のインタビューはエピソード98、〝Leaders with Heart Create Psychological Safety for All.［心で導くリーダーは、従業員全員にとっての心理的安全性をつくりだしている］〟で聞ける。

ジム・ロイター：コロラド州2番手の預貯金取扱金融機関であり、利便性の提供と３０００人の従業員に対する忠誠を尽くすことに献身している、コロラド最大手の地方銀行／非上場銀行、ファーストバンク（ＦｉｒｓｔＢａｎｋ）の社長兼最高経営責任者。以前は同行の最高執行責任者を務め、ローン／担保業務、顧客対応窓口、財務管理など多くの部署を監督していた。ファーストバンクは、彼のリーダーシップによって数多くのイノベーションが生まれたと功績を認める。彼のインタビューはエピソード17、〝Leaders with Heart Discern When Total Transparency Is Warranted and Then Exhibit It.［心で導くリーダーは、正直になりきるべきときを見極めたうえで心をさらけ出している］〟で聞ける。

ジャンデル・アレン＝デイヴィス医学博士：脊椎や脳に損傷を受けた人の介護を専門とする、世界的に有名な民間非営利リハビリテーション病院兼研究センター、クレイグ病院（Craig Hospital）の院長兼最高経営責任者。彼女はクレイグ病院で働く1000人以上の職員を監督する。彼女のインタビューはエピソード66、〝Leaders with Heart Show Up and Speak Up.［心で導くリーダーは、現場に姿を現し、自ら意見を述べる］〟で聞ける。

ジュディス・シモーネ：医療保険、年金保険、従業員向け福利厚生、資産運用サービスを世界的に提供している上場企業、メットライフ（ＭｅｔＬｉｆｅ）の上級副社長兼最高人事責任者。彼女はタレントマネジメント分野に長年携わっており、グーグル（Ｇｏｏｇｌｅ）のタレントマネジメント部長や、ジョンソン・エンド・ジョンソン（Johnson & Johnson）、モトローラ（Ｍｏｔｏｒｏｌａ）、バンク・オブ・アメリカ（Bank of America）、ヒューイット・アソシエイツ（Hewitt Associates）で人事、ダイバーシティ&インクルージョン、コンサルティングなどさまざまな部門を担当した経験がある。彼女のインタビューはエピソード45、〝Leaders with Heart Leave a Legacy of People and Impact.［心で導くリーダーは、従業員や影響力という財産を残す］〟で聞ける。

ジョアン・ロバートソン：２０００人以上の従業員を抱え、人間中心アプローチによって影響を与えている世界的な広報コンサルティング企業、ケッチャム・ロンドン（Ketchum London）の共同出資者兼最高経営責任者。彼女は非常に優れた人材を採用し、成功している顧客を引き付け、また同社の営利活動／財務状況における健全性を確保している。さらに彼女は若年女性の経済的正義の達成に努めているチャリティー団体、ヤング・ウィメンズ・トラスト（Young Women's Trust）の会長でもある。彼女のインタビューはエピソード91、〝Leaders with Heart Are Open to All Feedback.［心で導くリーダーは、すべてのフィードバックに心を開いている］〟で聞ける。

ジョー・クォン：90のオフィスと2万９０００人以上の従業員を抱える世界最大手のプロフェッショナル金融サービス企業、ＫＰＭＧ米国のグローバルプライバシー・情報管理事務所副所長。標準規格化されたプライバシーポリシーの創造を通じて国境を越えた情報伝達を円滑にし、顧客からの問い合わせに対応し、ＫＰＭＧの社内プライバシーの枠組みを維持している。彼のインタビューはエピソード34、〝Leaders with Heart Understand That They Must Truly Connect with Their People First to Build Trust.［心で導くリーダーは、信頼を得るためにはまず自分の下で働く人々と本当のつながりを持たなければならないと理解している］〟で聞ける。

ショーンティ・コックス・ホランド：高品質・低コストの投資信託、ＥＴＦ、投資アドバイス、その他多種多様な関連サービスを提供する、1万7０００人以上の従業員を抱える世界有数の投資会社、ヴァンガード（Ｖａｎｇｕａｒｄ）の企業文化・従業員エンゲージメント長。彼女は組織デザイン、チームマネジメント、リーダーシップ開発などにおいて、リサーチに基づく革新的な取り組みを適用し、組織に価値の高い成果をもたらしている。彼女のインタビューはエピソード84、〝Leaders with Heart Understand That Leadership Is to Be Learned, Studied and Explored.［心で導くリーダーは、リーダーシップとは学び、研究し、追求すべきものであると理解している］〟で聞ける。

ジョン・ラフェミナ：4500人以上の職員を抱え、世界的に展開している国立研究所、パシフィックノースウエスト国立研究所（PNNL）の上席業績管理責任者兼最高危機管理責任者。契約管理、組織的リスク管理機能の実施、包括的な業績管理基準の開発主導など、広範囲にわたる組織レベルの活動において責任者を務めている。彼のインタビューはエピソード41、〝Leaders with Heart Are Genuine, Allowing Those Who They Lead to Be the Same.［心で導くリーダーは正直であり、自分が導く相手の正直さも許している］〟で聞ける。

ジル・カッツ：企業内の文化・コミュニケーション・紛争にフォーカスした専門的な非上場人材企業、アセンブル・エイチアール・コンサルティング（Assemble HR Consulting）の創業者兼最高変革責任者。彼女は6人の従業員と密接に協力して、企業の経営幹部に人間関係の重要性と、誠実なコミュニケーションにフォーカスすることが業績をもたらすことを伝えている。彼女は誠実さ（candor）、勇気（courage）、思いやり（care）という「3つのC」の取り組みでよく知られている。彼女のインタビューはエピソード59、〝Leaders with Heart Understand That Leadership Equals Relationship.［心で導くリーダーは、リーダーシップは人間関係と等しいことを理解している］〟で聞ける。

シンシア・グラント：10カ所の独自施設において1万7000人以上の子ども、大人、家族、カップルに行動医療全般を提供している非営利の医療団体、オールヘルス・ネットワーク（AllHealth Network）の最高執行責任者兼最高臨床責任者。彼女は経営幹部の一員として、契約交渉、予算編成、助成金申請、マーケティング、戦略立案に携わっている。彼女のインタビューはエピソード85、〝Leaders with Heart Understand That Their Own Brokenness Is a Gift.［心で導くリーダーは、自分のいびつさは神様からのギフトだと理解している］〟で聞ける。

スコット・シェイ：地域の大手金融機関から融資を受けられないことが多い非上場企業やその経営幹部の資金ニーズに応え、包括的サービスを提供している、従業員１０００人以上の上場商業銀行、シグネチャー・バンク（Signature Bank）の共同創業者兼会長。彼はイスラエルの未公開株式投資ファンドであるエラ・ファンド（Elah Fund）の投資委員会会長も務め、また熱心な地域社会活動家として、成人教育プログラムを始動させたり、複数の主要なユダヤ人教育プログラムで議長を務めた経験もある。彼のインタビューはエピソード１１７、〝Leaders with Heart Live by the Golden Rule.［心で導くリーダーは、黄金律に従って生きている］〟で聞ける。

スコット・マッカーシー：カナダ軍の兵站《へいたん》担当であり、コーチングコンサルタント会社ムービング・フォワード・リーダーシップ（Moving Forward Leadership）の最高リーダーシップ責任者。兵站担当としては部隊の移動や物資の輸送といった業務を専門とし、10万人以上の隊員をサポートしている。最高リーダーシップ責任者としては、リーダーシップや組織に関するあらゆる理論について、毎週ゲストを招いてポッドキャストで配信し、顧客が組織を主導する際に必要なスキル研鑽を手助けしている。彼のインタビューはエピソード12、〝Leaders with Heart Build a Team Before They Need One.［心で導くリーダーは、必要に追われる前にチームビルディングを行っている]〟で聞ける。

スティーブ・ブラウン：シンシナティ都市圏最大手のピザ・イタリアンレストランであり、13店舗で1100人以上のチームメンバーを抱える、ラローザズ・ピッツェリア・インコーポレイテッド（LaRosa's Pizzeria, Inc.）の人事部長。複数店舗のさまざまなチームメンバーに対し、人事面全般で戦略的リーダーシップを発揮している。彼のインタビューはエピソード71、〝Leaders with Heart Understand What Drives Their People.［心で導くリーダーは、自分の下で働く人々を突き動かすものを理解している］〟で聞ける。

スティーブ・ポール：シックス・シックスティーエイト・コンサルティング・グループ（Six68 Consulting Group）の主任コンサルタント。また、HOA［住宅所有者の管理組合］、資産管理者［不動産関連の資産管理業務を行う役割］、コミュニティマネージャー［ソーシャルメディア上で企業のイメージ向上や顧客との関係構築を担う役割］、弁護士、エンジニア、建築家向けにサービスを提供している総合建設請負業者（ゼネコン）、エス・ピー・シー・エス・インコーポレイテッド（SPCS, Inc.）の前社長でもある。シックス・シックスティーエイトは顧客への長期的なソリューション開発に献身している。彼は収益成長やチームビルディングにおいて大きな実績を残しており、熱心な顧客対応と人脈形成で、パートナーシップの円滑化や契約締結において活躍している。彼のインタビューはエピソード4、〝Leaders with Heart Make People Feel Important.［心で導くリーダーは、自分が導く相手に彼ら自身の価値を感じさせている］〟で聞ける。

スティーブ・マッキントッシュ：ニッチな求人や海外移住サービスを提供する、ケイマン諸島を拠点とする企業、シーエムエル・オフショア・リクルートメント（CML Offshore Recruitment）の創業者兼ＣＥＯ。彼は人事・ＩＴ・マーケティング部門などの戦略的マネジメントと業務監督を行っている。彼のインタビューはエピソード63、〝Leaders with Heart Know That They Need Followers Before They Can Lead.［心で導くリーダーは、リーダーになるにはフォロワー（リーダーを支える部下やチームメンバー）が必要であると理解している］〟で聞ける。

タ

ダーク・フリーズ：研究所やリサーチセンター、製造業で使用される温度調整製品を専門とする非上場製造企業、ジュラボ・ユーエスエー（Julabo USA）の営業部、マーケティング部、サービス部の部長。同社は50人の従業員を抱え、ドイツにある親会社には４００人以上の従業員がいる。ダークは化学、生物化学、バイオテクノロジー、微生物学を専門分野に、グローバルセールス・マーケティングを副専門分野にしている。彼のインタビューはエピソード19、〝Leaders with Heart Take a Holistic Approach in Building Relationships with Their Employees.［心で導くリーダーは、従業員と関係を築く際に包括的な取り組みを行っている］〟で聞ける。

ダニエル・ヴォーン：コロラド州２番手の預貯金取扱金融機関であり、利便性の提供と３０００人の従業員に忠誠を尽くしている、コロラド最大手の地方銀行／非上場銀行、ファーストバンク（ＦｉｒｓｔＢａｎｋ）のコンプライアンス責任者。以前は人事部上席部長として、給与、福利厚生、社内広報などの人事部門を監督していた。彼女のインタビューはエピソード58、〝Leaders with Heart Know That They Are Works in Progress.［心で導くリーダーは、自分は未完成の作品であると理解している］〟で聞ける。

ダニエル・マッカラム：セールスフォース（Salesforce）［クラウドベースの顧客関係管理ソリューションなどを提供する企業］のプラチナパートナーであり、営業・サービス・マーケティングの自動化ソリューションを通じて企業の成長を手助けする、トレント・コンサルティング（Torrent Consulting）の創業者兼最高経営責任者。さまざまな技術分野における15年以上のプロジェクト管理およびテクノロジーソリューション関連の経験を活かして、2カ国5支店で働く100人以上の従業員を監督している。彼のインタビューはエピソード49、〝Leaders with Heart Speak the Future into the People They Lead.［心で導くリーダーは、自分が導く相手に未来を見せる］〟で聞ける。

ダンソニー・ティレリー：ノースカロライナ州、サウスカロライナ州、ジョージア州に約40の病院と数百の医療施設を持ち、5万5000人以上の職員を抱える、全国的に知名度の高い非営利医療組織、アトリウム・ヘルス（Atrium Health）の人材獲得部部長補佐。彼は効果的な人材獲得プロセスの確立に努め、常に変化する市場の需要を満たす組織づくりを行っている。彼のインタビューはエピソード43、〝Leaders with Heart Lead with Compassion.［心で導くリーダーは、寄り添いながら導いている］〟で聞ける。

チャック・ラニアン：エニタイムフィットネス（Anytime Fitness）、ベースキャンプ・フィットネス（Basecamp Fitness）、プロビジョン・セキュリティ・ソリューションズ（Provision Security Solutions）などの親会社である、セルフ・エスティーム・ブランズ（Self Esteem Brands）の共同創業者兼最高経営責任者。彼の使命は、550人の従業員によって運営される世界中の独立フランチャイズ3000店舗で、世界5大陸、約30カ国にいるすべての顧客の人生を豊かにすることである。彼のインタビューはエピソード77、

〝Leaders with Heart Understand That There Is an Emotional Investment to Being a Leader. [心で導くリーダーは、リーダーであることは心の投資を伴うと理解している]〟で聞ける。

ディーディー・ウィリアムズ：コーポレートファイナンス、天然資源、エネルギーなどの分野で全国的に評価されている、複雑な商業訴訟や規制手引きに特化した法律事務所、デイヴィス・グラハム・アンド・スタッブス有限責任事業組合（Davis, Graham & Stubbs, LLP）の人事責任者。彼女は福利厚生管理、スタッフの採用と定着、従業員の給与支払、労働・雇用関連の問題といった、事務所のあらゆる人事部門を監督している。彼女のインタビューはエピソード99、〝Leaders with Heart Have a Strong Moral Compass. [心で導くリーダーは、強い道徳的指針を持っている]〟で聞ける。

T・レナータ・ロビンソン：コロラド州全土でホームレス化の防止に努めている非営利団体、コロラド・コアリション・フォー・ザ・ホームレス（Colorado Coalition for the Homeless）の最高人事責任者。彼女はインクルーシブな組織文化づくり、職員の士気向上、リーダーシップスキルの開発、インクルーシブな人事イニシアティブの実施などに取り組んでいる。また、自身が運営するコンサルティング事業、ミーク・アドバンテージズ有限責任会社（Meek Advantages, LLC）の社長兼最高人事責任者も務める。彼女のインタビューはエピソード１０５、〝Leaders with Heart Understand That If Their People Fail, They Fail. [心で導くリーダーは、自分の下で働く人々が失敗すれば、自分も失敗すると理解している]〟で聞ける。

デイビット・ニウ：組織のリーダーが従業員の声に耳を傾け、従業員のエンゲージメントや定職率を高めるのに役立つソフトウエアを生み出す組織、タイニー・エイチアール（ＴＩＮＹｈｒ）の創業者兼ＣＥＯ。『*Careercation: Trading Briefcase for Suitcase to Find Entrepreneurial Happiness*［キャリアケーション：ブリーフケースをスーツケースに持ち替え、起業家としての幸せを見つけよう］』の著者。彼のインタビューはエピソード40、〝Leaders with Heart Know That Providing Growth for the Team Is No Tiny Matter.［心で導くリーダーは、チームに成長を与えることが重要であると理解している］〟で聞ける。

ティム・ヒンチー3世：40万人以上のメンバーを抱え、あらゆるバックグラウンドの競泳選手やコーチが参加できる機会をつくる米国の国内水泳統括団体、米国水泳連盟の会長兼最高経営責任者。彼はメジャーリーグサッカー、英国プレミアリーグ、全米バスケットボール協会（ＮＢＡ）、ナショナルホッケーリーグといったアメリカやイギリスの団体でリーダーシップの役職を務めてきた。

彼のインタビューはエピソード16、〝Leaders with Heart Know That They Have an Obligation to Grow the People They Lead.［心で導くリーダーは、自分が導く相手を育てる義務があると理解している］〟で聞ける。

ティンブラ・ヨーカム：テキサス州マバンクのマバンク独立学区の特別学級運営責任者。教育分野に15年間携わり、ここ8年間は教育診断士として働いている。彼女のインタビューはエピソード１１、〝Leaders with Heart Feel Called to Serve Others.［心で導くリーダーは、他者に尽くす使命を感じている］〟で聞ける。

デニス・テストーリ：7店舗で60人以上の従業員を抱え、数々の受賞歴を持つ仕立・衣服クリーニング会社、プレスティージ・クリーナーズ（Prestige Cleaners）の社長兼ＣＥＯ。規制機関や立法機関と協力して、クリーニング業界に関する問題に取り組み、同社の成長や集荷・配達サービス拡大を主導。また、過去に同社は、彼女の主導によって、アリゾナ州で初めて環境に配慮したドライクリーニング店の1つとなった。彼女のインタビューはエピソード26、〝Leaders with Heart Know That They Must Lead the Whole Person.［心で導くリーダーは、相手のすべてを導かなければならないと理解している］〟で聞ける。

トム・ディーツラー：2000人以上の教会員、2つのキャンパス、約50人の教職員、250万ドル［約2億5000万円］の運営費を持つ、ウィスコンシン州アップルトンにある創立152年の歴史ある教会付属学校、セント・ピーター・ルーザラン・チャーチ・アンド・スクール（St. Peter Lutheran Church and School）の運営責任者。彼は建物やキャンパスの管理、ボランティアの採用、12人から成るチームの監督などの責任者を務める。彼のインタビューはエピソード9、〝Leaders with Heart Know That They Must Connect With Their People Consistently to Be Trusted.［心で導くリーダーは、信頼を得るためには自分の下で働く人々と継続的につながりを持つ必要があると理解している］〟で聞ける。

トレント・セルブリディ：世界134カ国で7300以上の施設を展開し、従業員17万人以上を抱えるホスピタリティ企業、マリオット・インターナショナル・インコーポレイテッド（Marriott International, Inc.）系列ホテルの総支配人。彼はカリフォルニアにある客室数288室の長期滞在型ホテルを管理しており、30万ドル［約3000万円］の営業収益増加戦略の実施、および人材定着戦略や企業文化醸成を通じたスタッフ不足解消などに取り組んでいる。彼のインタビューはエピソード13、〝Leaders with Heart Know Themselves First.［心で導くリーダーは、まず自分を理解している］〟で聞ける。

ドン・デイヴィス：人口58万人以上を抱えるコロラド州ジェファーソン郡の郡長。彼は米軍を退役後、２０１７年にジェファーソン郡長に就任し、現在は３０００人以上の熱心な職員と共に働くことを楽しんでいる。彼のインタビューはエピソード97、〝Leaders with Heart Have a Clear Leadership Vision.［心で導くリーダーは、明確なリーダーシップビジョンを持っている］〟で聞ける。

ナ

ニック・スモラリー：中小企業や教育機関などの顧客がソリューションや成長機会を得られるよう手助けする、セントルイスとインディアナポリスに拠点を置くＩＴコンサルティンググループ、ガデルネット・コンサルティング・サービス（GadellNet Consulting Services）の最高経営責任者。彼は業務の効率化、同社のブランド力向上、新規顧客や既存顧客の漸進的な成長促進、重要な業者とのパートナー関係管理を主導している。彼のインタビューはエピソード30、〝Leaders with Heart Strike a Balance between Confidence and Humility.［心で導くリーダーは、自信と謙虚さのちょうどよいバランスをとっている］〟で聞ける。

ネイト・イゲレンスキー：フィアット・クライスラー・オートモービルズ（FCA Fiat Chrysler Automobiles）のサービス・部品部門管理マネージャーであり、アフターセールス［モパー（ＭＯＰＡＲ）ブランドの純正パーツの小売／卸売、および顧客維持の改善］責任者として、18人のエリアマネージャー、11の州、３０９のクライスラー・ダッジ・ジープ・ラム・フィアットＦＣＡのフランチャイズディーラーを担当。彼のインタビューはエピソード11、〝Leaders with Heart Work Hard Not to Harden Their Hearts.［心で導くリーダーは、心を鬼にしないよう努めている］〟で聞ける。

ハ

パティ・サラザール：市場の統合性維持に力を注ぐ、約６００人の職員を抱える行政機関、コロラド州規制当局（ＤＯＲＡ）の局長。彼女はコロラド州政策・研究・規制改革局、および州全体のブロードバンドアクセスを拡大しているブロードバンド展開局を監督している。彼女のインタビューはエピソード28、〝Leaders with Heart Know That It Takes a Village to Lead Well.［心で導くリーダーは、うまく導くためには多くの人の協力が必要であると理解している］〟で聞ける。

パトリック（パット）・ブレイディ：コロラド州２番手の預貯金取扱金融機関であり、利便性の提供と３０００人の従業員に忠誠を尽くしている、コロラド最大手の地方銀行／非上場銀行、ファーストバンク（ＦｉｒｓｔＢａｎｋ）の地域社長。彼は３つの州における７つの金融市場で、34支店の監督、資産40億ドル［約４千億円］以上の管理を行っている。彼のチームは顧客開発［製品・サービスの開発と並行してニーズの有無や顧客へのリーチ方法などを探る］、財務体質の強化、業界トップの収益性、地域貢献活動、戦略的ビジョンなどに注力している。彼のインタビューはエピソード47、〝Leaders with Heart Go Personal with Their People.［心で導くリーダーは、自分の下で働く人々と個人的な関係を築く］〟で聞ける。

ハワード・ビーハー：カフェとコーヒーのロースタリーリザーブ店を世界的にチェーン展開する、従業員25万人以上の米国の上場企業、スターバックス・コーヒー・カンパニーの前社長。彼は在職時、わずか28店舗だった会社を５大陸で１万５０００店舗以上にまで拡大させ、退職までの12年間は取締役会の一員を務めた。彼のインタビューはエピソード82、〝Leaders with Heart Live True Servant Leadership.［心で導くリーダーは、本当のサーバントリーダーシップを実践している]〟で聞ける。

P・ジョセフ・オニール：イリノイ州中部にある物流サービスを提供する非上場企業、ジーアンドディー・インテグレイテッド（G&D Integrated）の最高経営責任者。1989年に入社し、現在は会社全体の業務管理やリソース管理の責任者を務めている。G&Dに入社する前は、ミネソタ州のツイン・シティーズ［ミネソタ州で人口最大の都市ミネアポリスと州都セントポールを合わせた双子都市の通称］で破産専門弁護士をしていた。彼は景気拡大期・後退期のなかで何年にもわたって組織管理を行い、最近では、事業地域の拡大と顧客基盤の多様化にフォーカスしている。彼のインタビューはエピソード89、〝Leaders with Heart Make It Safe to Speak the Truth.[心で導くリーダーは、安心して本心を語ることができる環境をつくっている]〟で聞ける。

ピーター・メルビー：包括的ITマネジメント、ITサービス拡大、ウェブアプリケーション開発、デジタルマーケティング、戦略的コンサルティングといった技術サービスを提供する企業、グレイストーン・テクノロジー（Greystone Technology）のCEO。同社はコロラド州デンバーとフォートコリンズを拠点とし、75人の従業員を抱えている。彼のインタビューはエピソード56、〝Leaders with Heart Ask the Right Questions to Understand the People They Lead.[心で導くリーダーは、自分が導く相手を理解するために適切な質問を投げかけている]〟で聞ける。

ファルーク・ラジャブ：世界134カ国で7300以上の施設を展開し、従業員17万人以上を抱えるホスピタリティ企業、マリオット・インターナショナル・インコーポレイテッド（Marriott International, Inc.）系列ホテルの総支配人。ロードアイランド州プロビデンスの商業地区にある、客室数351室のランドマークホテルでリーダー兼マネージャーを務めており、高品質なサービスに応えるためのホスピタリティ業務の計画・指揮・改善の責任者を担っている。彼のインタビューはエピソード37、〝Leaders with Heart Are Great Followers First.［心で導くリーダーは、まずは自分が優れたフォロワーになっている］〟で聞ける。

フィル・コーエン：ミズーリ州セントジェームス市に本社を置く、数々の受賞歴を持つ家族経営の業務用木工業会社、コーエン・アーキテクチュラル・ウッドワーキング（Cohen Architectural Woodworking）の創業者兼社長。彼は直接販売モデルを採用し、国内大手企業のオーナー、建設マネージャー、インテリアデザイナー、設計士と協力して、企業が求める機能要件に応えている。彼のインタビューはエピソード69、〝Leaders with Heart Invest in the Potential of Their People.［心で導くリーダーは、自分の下で働く人々のポテンシャルに投資する］〟で聞ける。

フィル・バージェス：450人以上の従業員を抱え、世界展開している上場「カスタマーエージェンシー［顧客代理店］」、シー・スペース（C Space）の最高人事・執行責任者。シー・スペースはさまざまなブランドと協力して、企業が「顧客によってインスパイアされるビジネス成長」ができるよう、顧客視点を取り入れている。彼はシー・スペースの従業員、業績、顧客の成長をサポートするための、戦略的な企業文化・業務イニシアティブを指揮している。彼のインタビューはエピソード81、〝Leaders with Heart Embrace the Mess of Humanness in the Workplace.［心で導くリーダーは、職場における人間味のわずらわしさを受け入れている］〟で聞ける。

フランク・リコッタ：医療業界向けにデータのブロックチェーン化によるネットワークソリューシ

ョンを提供する大手企業、バーストアイキュー（BurstIQ）の創業者兼最高経営責任者。同社のプライベートデータネットワークは、医療組織、製薬会社、生命科学企業が医療データを最大限に活用するために役立っている。彼はCEOとして、組織開発、情報セキュリティ、製品・技術戦略、エンタープライズコンテンツ管理［組織内の業務に関するコンテンツを一元的に管理・運用するシステム］といった多岐にわたる分野で活躍している。彼のインタビューはエピソード114、〝Leaders with Heart Strike a Balance between Heart and Drive.［心で導くリーダーは、優しさと厳しさのちょうどよいバランスをとっている］〟で聞ける。

ブリジット・グリム：コロラド州中北部にある、人口35万人以上のラリマー郡の出納官副官長。彼女は前職で8年間、同州アダムズ郡の出納官を務め、郡全体の固定資産税を回収し、下部組織の税務当局に分配し、差額を郡の代理で投資していた。彼女のインタビューはエピソード3、〝Leaders with Heart Clear the Path So Their People Can Do Great Work.［心で導くリーダーは、自分の下で働く人々が素晴らしい仕事ができるように道を開いている］〟で聞ける。

ブレント・ストックウェル：人口25万人以上、市職員2500人以上を抱えるアリゾナ州スコッツデールの市政担当官補佐。エビデンスに基づく政策決定や特別事業計画の責任者を務め、また、市のダイバーシティ&インクルージョン、広報、ガバメント・リレーションズ［企業や団体が政府・行政と積極的に関係を築く］、人事、経済成長、観光・イベントなどの部署を監督している。彼のインタビューはエピソード93、〝Leaders with Heart Model Good Leadership.［心で導くリーダーは、よいリーダーシップの手本を見せている］〟で聞ける。

ヘザー・ヒーブナー：従業員が毎シフト後に自由に給与を引き出せる、給与前払いプラットフォームおよびペイカード〔銀行振込などの代わりに給与支払に使用されるプリペイドカード〕ソリューションを提供する、インスタント・フィナンシャル（Instant Financial）の人事部長。22年以上の実地経験がある彼女は、従業員エンゲージメント、チェンジマネジメントに関するあらゆるレベルのリーダーシップコーチングを担当。最近では、複数企業の合併・買収における人事リーダーを務めた。彼女のインタビューはエピソード24、〝Leaders with Heart Strive to Serve First.〔心で導くリーダーは、まずは自分が尽くすよう努めている〕〟で聞ける。

ベニルダ・サミュエルズ：価値志向型の慈善活動を通じてデンバー都市圏のインクルーシブな地域づくりを促進する非営利団体、ローズ・コミュニティ・ファウンデーション（Rose Community Foundation）のプログラム部長。彼女は年間約1000万ドル〔約10億円〕の助成金交付において、スタッフを指揮している。以前はナース・ファミリー・パートナーシップ（Nurse-Family Partnership）の最高執行責任者として、1500万ドル〔約15億円〕の予算管理を行い、戦略計画の立案やプログラム調整におけるチームリーダーも務めた。彼女のインタビューはエピソード103、〝Leaders with Heart Help Others to Take a Breath through Adversity.〔心で導くリーダーは、周囲が逆境のなかで息をつけるよう手助けしている〕〟で聞ける。

マ

マーク・ネーゲル：サウスウエスト航空――人事改革／従業員サービス部門のシニアマネージャー。彼は人事サービスサポートチームを監督し、人事部内の多くの重要なプロジェクトでリーダーを務めている。彼のインタビューはエピソード

15、〝Leaders with Heart Make Their People Feel Safe by Allowing Their Voices to Be Heard.［心で導くリーダーは、自分の下で働く人々の意見が聞き入れられる環境をつくり、安心感を与えている］〟で聞ける。

マイク・プリッチャード：困窮した人々の生活を変える非営利の宗教的奉仕活動団体、ボランティアズ・オブ・アメリカ（Volunteers of America）コロラド支部の最高財務責任者。彼は財務・人事・情報技術などの部門でリーダーを務め、組織のさまざまな戦略的イニシアティブを指揮している。彼のインタビューはエピソード36、〝Leaders with Heart Make Accountability a Priority.［心で導くリーダーは、説明責任を優先事項としている］〟で聞ける。

マレオ・マクラッケン：手術症例管理プロセスの簡素化・一元化を行うオンラインプラットフォームを運営する、40人の従業員を抱える非上場企業、ムーブメディカル（Ｍｏｖｅｍｅｄｉｃａｌ）の最高顧客責任者。彼はマーケティングチーム、営業チーム、カスタマーサクセスチームを一体化し、一貫した顧客体験を生み出すことにフォーカスしている。また、カスタマーサクセス、ビジネス戦略、収益に関する業務も主導。彼のインタビューはエピソード35、〝Leaders with Heart Know That Their Leadership Is Formed by the Conversations They Have with Their People.［心で導くリーダーは、リーダーシップは自分の下で働く人々との対話によって形成されると理解している］〟で聞ける。

ミンディ・フラニガン：主に従業員50人未満の小企業向けに従業員管理サービスを提供する非上場人事コンサルティング企業、インスパイアリング・エイチアール（Inspiring HR）の創業者兼最高インスピレーション責任者。創業前はコンプライアンス、従業員管理のベストプラクティス、給与・福利厚生等に関する業務を経験。人事サービスで働くなかで、彼女はいかに小企業の人事をシンプルかつ価値あるものにするか、研究してきた。彼女のインタビューはエピソード38、〝Leaders with Heart Don't Shy Away from Admitting Their Love for Their People.［心で導くリーダーは、自分の下で働く人々に対する愛情を認めることから目を背けない］〟で聞ける。

メーガン・スマイリー・ウィック：あらゆるアイデンティティを持つ女性のための、世界クラスのリーダーシップ教育支援に努めている最大手の慈善活動組織、ガンマ・ファイ・ベータ・ソロリティ・アンド・ファウンデーション（Gamma Phi Beta Sorority and Foundation）の専務取締役。世界中の職員の監督を含む、組織の業務指揮責任を担い、同組織が掲げる目標達成に努めている。彼女のインタビューはエピソード20、〝Leaders with Heart Fill Their Calendar with Relationship-Building, Not Tasks.［心で導くリーダーは、タスクではなく関係構築の時間でスケジュールを埋めている］〟で聞ける。

メーガン・バートランド：コロラド州2番手の預貯金取扱金融機関であり、利便性の提供と３０００人の従業員に忠誠を尽くしている、コロラド最大手の地方銀行／非上場銀行、ファーストバンク（ＦｉｒｓｔＢａｎｋ）の人材開発部部長。彼女は人材開発部の部長として、リーダーシッププログラムの運営や同社の研修センターの改修の責任者を務めている。彼女のインタビューはエピソード61、〝Leaders with Heart Form Friendships with Their People.［心で導くリーダーは、自分の下で働く人々と友情を築いている］〟で聞ける。

メリッサ・イオヴィン：大学生に福音の希望と喜びを共有するカトリック系奉仕団体、フェローシップ・オブ・カトリック・ユニバーシティ・スチューデンツ（Fellowship of Catholic University Students、FOCUS）の資金援助担当者。彼女はFOCUSのイベントでスポンサー団体と協力して、Win-Win の成果を得る方法を確立、実行している。彼女のインタビューはエピソード57、〝Leaders with Heart Create Psychological Safety for Their Teams.「心で導くリーダーは、チームのために心理的安全性をつくりだしている」〟で聞ける。

ラ

ラトーヤ・リン：医療保険会社であるオスカー・ヘルス（Oscar Health）の人材戦略部長であり、1600人以上の従業員と共に、成長段階にある同社全体の戦略的人事を主導。彼女はダイバーシティ・インクルージョン・ビロンギング（帰属意識）面に携わる30人以上の人事プロフェッショナルチーム、および人事部長やビジネスパートナーを率いており、また、社内広報や人材開発のリーダーも務めている。彼女のインタビューはエピソード130、〝Leaders with Heart Create a Space for Others to Follow.「心で導くリーダーは、周囲が見習える空間をつくっている」〟で聞ける。

ラリー・サットン：高品質のタイヤやカスタムホイールの小売店を全国的にフランチャイズ展開する、アールエヌアール・タイヤ・エクスプレス（RNR Tire Express）の創業者兼社長。彼のリーダーシップのもと、同社は26州で130店舗以上を展開し、1000人以上の従業員を抱えるまでに成長。彼のインタビューはエピソード70、〝Leaders with Heart Empower Their People to Do Their Best Work.「心で導くリーダーは、エンパワーメントによって部下の実力を最大限に引き出している」〟で聞ける。

リッチ・ガッセン：あらゆるリベラルアーツ研究

や学生活動を提供している、学生数4万人以上の公的組織、ウィスコンシン大学マディソン校（UW-Madison）の印刷生産責任者。彼はUW-Madisonの包括的な印刷サービス提供施設において、出力前のデータ確認、活字組版、プロセスカラー［カラー印刷の基本となる4色のインクの組み合わせで色を表現すること］、スポットカラー［プロセスカラー以外の特別に調合したインクで色を表現すること］といったオフセット印刷時の作業、および製本や配送を監督している。また、従業員をエンパワーメントし、彼らが決定権を持てるよう導いている。彼のインタビューはエピソード32、〝Leaders with Heart Know That They Must Show Up and Participate.［心で導くリーダーは、現場に現れて参加しなければならないと理解している］〟で聞ける。

リッチ・トッド：従業員給付制度、非営利団体、ファミリーオフィス［大富裕家族が投資管理や資産運用などを行うために雇うその家族専属のチーム］向けに投資関連のコンサルティングサービスを提供する、56人の従業員から成る非上場の個人事業、イノベスト・ポートフォリオ・ソリューションズ（Innovest Portfolio Solutions）の社長兼最高経営責任者。30年以上の投資コンサルティング経験がある彼は、組織と家庭の両方向けにコンサルティングサービスを提供。また、投資関連のリサーチに基づいて意思決定を行う、同社の投資委員会の一員も務めている。彼のインタビューはエピソード8、〝Leaders with Heart Are Servant Leaders Who Look at Their Role as a Vocation.［心で導くリーダーは、リーダーの役割を自分に与えられた使命と考える奉仕型リーダーである］〟で聞ける。

ルネ・スミス：より愛情と人間味にあふれる職場づくりに向けてリーダーをインスパイアするプロフェッショナルコーチング企業、ア・ヒューマン・ワークプレイス（A Human Workplace）の創業者兼最高経営責任者。彼女はラーニング・エクスペリエンス（学習体験）、即戦力ツール、コンサルティングサービスといった、組織文化に関する独自のリソースを提供し、企業としての影響力を拡大している。以前はワシントン州知事室初の職場改革部長を務め、人間中心の方針を提唱した。彼女のインタビューはエピソード51、〝Leaders with Heart Promote Love in the Workplace.［心で導くリーダーは、職場における愛情を促している］〟で聞ける。

レイ・アギーレ：カリフォルニア州立大学フラトン校（CSUF）の警察長。CSUF警察は、カリフォルニア州立大学の主要キャンパスであるフラトン校へ高品質なサービスを提供し、同大学の学術的使命の促進に努めている。警察長として、レイは大学のキャンパスにおいて公衆安全が果たす役割を認識しており、教育現場における警察の仕事は、地域と健全な関係を築くことであるとしている。彼のインタビューはエピソード27、〝Leaders with Heart Lead with Purpose.［心で導くリーダーは、目的を持って導いている］〟で聞ける。

ローダ・バンクス：主要な農業生産者向けの金融サービスを提供する非上場企業、ラボ・アグリファイナンス（Rabo Agrifinance）の副社長兼タレントマネジメント長。彼女は現在、ビジネスリーダー向けのソートパートナー［先進的な考えや解決策などを主導するパートナー］として、世界的なタレントマネジメント戦略の立案・活用といったビジネスニーズや戦略的ゴールを理解し、高品質な人材を育てている。彼女のインタビューはエピソード80、〝Leaders with Heart Understand They Are the Caretakers of Their Employees' Futures.［心で導くリーダーは、従業員の未来を育てる責任を自覚している］〟で聞ける。

ロバート・ペッパー：最近ヒルロム（Ｈｉｌｌｒｏｍ）に吸収合併された、エクセル・メディカル（Excel Medical）のマーケティング部長。ヒルロムは医療機器を提供している従業員1万人以上の世界的な上場企業であり、世界中の患者と医療従事者の成果を向上させる使命を掲げている。彼は営業・マーケティング・財務において先見性のある戦略を立案しており、リーダーとして周囲のやる気を奮い立たせ、社内チームやパートナーとの関係性を強化し、常に素晴らしい業績を達成している。彼のインタビューはエピソード10、〝Leaders with Heart See the Potential in Their People and Allow Them to Flourish.［心で導くリーダーは、自分の下で働く人々のポテンシャルを見出し、開花させている］〟で聞ける。

ロン・アルベステファ：データセンター［サーバやネットワーク機器などを設置・収容する施設］のハードウエアの出張メンテナンスサービスに特化した、従業員５００人以上を抱える非上場企業、サービス・エクスプレス（Service Express）の社長兼最高経営責任者。彼は就任以来、サービス・エクスプレスの標的市場を定め、独自の成果重視型文化づくりを促進してきた。彼のインタビューはエピソード92、〝Leaders with Heart Know That Spending Time with Their People Drives Business Results.［心で導くリーダーは、自分の下で働く人々と過ごす時間を持つことが業績につながると理解している］〟で聞ける。

ロン・サザーランド：人の健康や環境に変化をもたらす製品開発を行う、急成長中の非上場バイオテクノロジー企業、セラフィック・グループ・インコーポレイテッド（Seraphic Group, Inc.）の生物群学研究最高責任者。彼はセラフィック・グループ最大の子会社を主導し、精密な最先端科学技術、人間の強み、自然の知恵を活かして世界を変えている。彼の使命は、人が体内に取り入れるものの水準を高め、生活や健康を改善すること。

彼のインタビューはエピソード90、〝Leaders with Heart Remember Where They Came From.［心で導くリーダーは、自分がもといた場所を忘れない］〟で聞ける。

■第7章

注1　Dan Harris, PhD, "Emotions in the Workplace: Creating an Emotional Safe Space," *Quantum Workplace*, June 18, 2019, https://www.quantumworkplace.com/future-of-work/emotions-in-the-workplace-creating-an-emotional-safe-space#.XzHrN1ZSKdM.email.

注2　Amy C. Edmondson, *The Fearless Organization: Creating Psychological Safety in the Workplace for Learning, Innovation, and Growth* (Hoboken, NJ: John Wiley & Sons, 2018; Audible audio ed.), Introduction.『恐れのない組織——「心理的安全性」が学習・イノベーション・成長をもたらす』エイミー・C・エドモンドソン著、野津智子訳、英治出版、2021年、「はじめに」

注3　Derald Wing Sue, *Microaggressions in Everyday Life: Race, Gender and Sexual Orientation* (Hoboken, NJ: John Wiley & Sons, 2010), chapter 1.『日常生活に埋め込まれたマイクロアグレッション：人種、ジェンダー、性的指向：マイノリティに向けられる無意識の差別』デラルド・ウィン・スー著、マイクロアグレッション研究会訳、明石書店、2020年

■第8章

注1　Merriam-Webster.com, s.v. "delegate," https://www.merriam-webster.com/dictionary/delegate.（2020年10月9日にアクセス）

注2　Merriam-Webster.com, s.v. "empower," https://www.merriam-webster.com/dictionary/empower.（2020年10月9日にアクセス）

注3　Merriam-Webster.com, s.v. "empowerment," https://www.merriam-webster.com/dictionary/empowerment.（2020年8月29日にアクセス）

■第9章

注1　Merriam-Webster Dictionary, s.v. "resilience," https://www.merriam-webster.com/dictionary/resilience.（2020年8月29日にアクセス）

注2　TedXColoradoSprings, July 23, 2019, https://www.youtube.com/watch?v=-bp4-IHyf50&feature=youtu.be).

注3　Merriam-Webster.com, s.v. "reframe," https://www.merriam-webster.com/dictionary/reframe.（2020年10月9日にアクセス）

脚注

はじめに

注1　Merriam-Webster.com. s.v. "caring," https://www.merriam-webster.com/dictionary/caring.（2020年8月28日にアクセス）

第1章

注1　Simon Sinek, *Start with Why: How Great Leaders Inspire Everyone to Take Action* (New York: Portfolio/Penguin, 2009), 39.『WHYから始めよ！：インスパイア型リーダーはここが違う』サイモン・シネック著、栗木さつき訳、日本経済新聞出版社、2012年

注2　Kristin Neff, "Definition of Self-Compassion," *Self-Compassion*, https://self-compassion.org/the-three-elements-of-self-compassion-2/.

第2章

注1　Liz Fosslien and Mollie West Duffy, "How Leaders Can Open Up to Their Teams Without Oversharing," *Harvard Business Review*, February 8, 2019, https://hbr.org/2019/02/how-leaders-can-open-up-to-their-teams-without-oversharing.

第3章

注1　Stephen R. Covey, *The 8th Habit: From Effectiveness to Greatness* (New York: Free Press, Illustrated Edition, 2005; Audible audio ed.), Introduction.『第8の習慣「効果性」から「偉大さ」へ』スティーブン・R・コヴィー著、フランクリン・コヴィー・ジャパン訳、キングベアー出版、2005年

第5章

注1　Merriam-Webster.com, s.v. "accepted," https://www.merriam-webster.com/dictionary/accepted.（2020年10月12日にアクセス）

注2　Merriam-Webster.com, s.v. "empathy," https://www.merriam-webster.com/dictionary/empathy.（2020年10月9日にアクセス）

注3　Merriam-Webster.com, s.v. "compassion," https://www.merriam-webster.com/dictionary/compassion.（2020年10月9日にアクセス）

謝辞

Leadership with Heart［心で導くリーダーシップ］チームへ：ポッドキャストを始めるよう私の心に火をつけてくれたニール・ヒューズ氏。あなたがいなければこのポッドキャストはなかったでしょう。エメラルド・ローザル氏は、ショーノート［ポッドキャストの要点をまとめたもの］の執筆・作成を担当し、いつも私をよりよく、そしてスマートに見せるようマネジメントしてくれました。ニコル・ガッリッキオ氏は、ポッドキャストのサービス面をサポートしつつ、ゲストとの連絡を担当してくれました。ありがとう。そしてポッドキャスト、ひいてはこの本のために、インタビューに応えてくれたすべてのリーダー。本書のゲスト一覧でハイライトされているみなさんは、私が過ごしてきた日々の多くのハイライトでもあります。あなたがたのおかげで、思いやりあるリーダーシップが価値のあるものだと知ることができました。

ベレット・ケーラーチームへ：スティーブ・ピエールサンティ氏、私の思いや作品をしっかりと支えてくれてありがとう。あなたがくれたアドバイスすべてに感謝しています。マイケル・クロウリー氏、この本への率直なアドバイスをありがとう。ソヘイラ・ファーマン氏、エリッサ・ラベリノ氏、リー・マクレラン氏、そしてチームのみなさん、素晴らしい本にしてくれてありがとう！　マリア・ジーザス・アギロ氏とキャサリン・ロングロンヌ氏は、この本の海外販路を確保してくれました。ありがとう。

アダム・ジョンソン氏は、印象的で美しい表紙をデザインしてくれました。ジーバン・シバスブラマニアム氏は、素晴らしい書評家を選定し、出版記念発表会では私を温かく迎えてくれました。ケイティ・シーハン氏は、あらゆる場所で本の告知や宣伝を行ってくれました。トリン・ブラウン氏は、本書の英語版（原書）の海外販売に力を注いでくれました。

本のチェックを行ってくれたみなさん。おかげで内容を研鑽し、より読みやすいものにすることができました。ミッチェル・フリードマン氏、スーザン・ホップ氏、ベロニカ・ラベロ氏、あなたがたの寛大さと洞察力に感謝します。あらゆる面で、みなさんはこの作品の魅力を最大限に引き出してくれました！

オーディオブックの録音で素晴らしいサウンドエンジニアを務めたポール・ローラー氏、最高のオーディオブックづくりを主導してくれたコートニー・ショーンフェルド氏、ありがとう！

エンプロイー・ファナティクスチームへ：ニッキー・グルーム氏、アンドリウス・アルバレス＝バッカス氏、エメラルド・ローザル氏、ニッキー・ガルシア氏、モニカ・ソーントン氏、ありがとう。あなたたちが会社の事業を推し進めてくれたおかげで、執筆に集中できました。

私を信じてくれているすべての方へ：ベレット・ケーラーで出版する機会に恵まれたのは、マイク・バカンティ・シニア氏、あなたのおかげです。あなたに紹介していただいたジュリー・ウィンクル・ジュリオーニ氏もまた、多大なるサポートと素晴らしい知見の数々を与えてくれました。あなたと話してまもなく、スティーブ・ピエールサンティ氏にコンタクトを取り、親切にもすぐに返信をいただきました。マイク、あなたのおかげで契約締結に至ったのです。あなたのサポートに本当に感謝しています。

スティーブ・ポール氏とリッチ・ガッセン氏は、ポッドキャストに出演してくれただけでなく、私がいつもポッドキャストや本書を通じて伝えたかったことを体現し、世間に伝えてくれる、アンバサダーの役割を担ってくれました。ケビン・クルーズ氏は、直接会ったことがないにもかかわらず、私の初の書籍『The 7 Intuitive Laws of Employee Loyalty［直感でわかる従業員ロイヤルティの7つの法則］』と本書の推薦文を書き、あらゆる面で親切にしてくれました。ありがとう。

チェスター・エルトン氏、私たちは直接会ったことはありませんが、どういうわけか互いにわかり合える存在ですね。この本の「まえがき」を書いてくれたこと、そして人に元気と勇気を与えるあなたの人柄に感謝しています。

アナ・デ・マガリャエス氏、あなたは私の人生をこんなにも明るく照らしてくれました。ブラジルでお会いしたとき、あなたもあなたの息子も本当に素敵な人だと感じました。友人と呼べることを嬉しく思います。モリー・スミス氏、この本の推薦文を書いてくれてありがとう。依頼を引き受けてくれた心の広さに感謝します。トリーシャ・ティーグ博士、学術的な観点からこの本の書評と推薦文を書いていただき光栄です。あなたは本当に素敵な人です！

ミッシェル・ネバレス氏、ポッドキャストでのあなたとの会話は決して忘れません。私たちは気が合いますね。友人になれたことを嬉しく思います。推薦文を書いてくれてありがとう。ポール・マルシアーノ博士、あなたは本当に寛大な人です。ご自身も執筆中だったにもかかわらず、推薦文を書いてくれた心の広さに本当に感謝しています。ありがとう！

親友であるサラ・エルキンズ氏、キンバリー・デイヴィス氏、メリッサ・ヒューズ氏、ギレーヌ・ブルーナー氏。執筆やスランプで大変だった時期に、あなたたちのサポートがなければ、この本は完成しなかったでしょう。たくさんのハグを贈ります！

家族へ：ルイス、ガブリエラ、セバスチャン、ドミニク、マテオ。あなたたちを心から愛しています。執筆中、いつも私のそばにいてくれて、我慢をしてくれて、ありがとう。ガブリエラ、最初の本の成功に甘んじるなといってくれてありがとう。簡単な道のりではなかったけれど、苦しい思いをした価値があると思ってもらえれば嬉しいです。あなたは私のすべてです。そしてお母さんへ。あなたはいつも、心で導くリーダーの素晴らしいお手本です。いつでも自分より他の人を先に考える、そんな母を持てたことをうれしく思います。いまの私があるのは、あなたの思いやりあるリーダーシップのおかげです。

を与えること 114-116
を受け取ること 61, 77, 105, 139, 141, 176, 187, 193
フィル・コーエン 45, 149, 164, 306
フィル・バージェス 61,177, 193, 306
部下→※「チームメンバー」の項を参照
フランク・リコッタ 247, 306
ブリジット・グリム 82, 110, 307
ブレント・ストックウェル 29, 307
ヘザー・ヒーブナー 160, 162, 308
ベニルダ・サミュエルズ 155, 239, 308

マ

マーク・ネーゲル 130, 190, 199, 308
マイク・プリッチャード 62, 309
マイクロアグレッション、無意識の差別 201-206
マイクロマネジメント、事細かに管理すること 214, 217, 222, 228-229
マルコム・X 109-110
マレオ・マクラッケン 157, 215, 238, 309
ミンディ・フラニガン 89, 309
メアリー・ケイ・アッシュ 80
メーガン・スマイリー・ウィック 69, 310
メーガン・バートランド 59, 310
メリッサ・イオヴィン 186, 219, 310
メンター 44, 60, 62,
求めるものを示すこと 218-221

ラ

ラトーヤ・リン 189, 311
ラリー・サットン 191, 228, 311
リーダー
エゴと～ 57, 230, 264-265, 268
リーダーシップ→※「思いやりあるリーダーシップ」と「セルフリーダーシップ」の項も参照
選択（の積み重ね）としての～ 269
旅路としての～ 50, 55-56, 69, 72, 137
～とは、～の意味 30
1人1人違った～スタイル 25
成長と～、成長の場と～ 72-73
の原動力 45-52
のためのサポート体制 60-64
のハイライト紹介 76, 103, 122, 139, 164, 180, 210, 228, 248, 261
弱さと～ 96-97
リスクをとること 110, 221-223
リッチ・ガッセン 73, 86,113, 156, 220, 311
リッチ・トッド 63, 81, 312
ルネ・スミス 144, 312
レイ・アギーレ 158, 313
レコグニション 15-16, 82-83
レジリエンス、立ち上がる力 232
ロイヤルティ、忠誠心、信頼 34, 105, 218
ローダ・バンクス 45, 115, 313
ロバート（ロブ）・ペッパー 117, 314
ロン・アルベステファ 56, 115, 253, 314
ロン・サザーランド 97, 314

と共有すること 94-97
と信頼（関係）を築くこと 147, 185-188, 243
と過ごす時間をつくること 88-94
とともに最前線に立つこと 81, 85-87, 171
と深いつながりを持つこと 87, 101
とマイクロアグレッション、無意識の差別 201-206
に決定権を与えること 213-230
に対して求めるものを示すこと 218-221
に対する共感と同情 152-156
に対するフィードバック 114-116
にとって声をかけやすい存在となること 88-89, 97-101
の観点を取り入れること 130-133
の成長 112-121
のための安全な空間 183-212
の強みを発掘すること 107-124
のトレーニング、研修、（人材）教育 112-113
のレジリエンス（立ち上がる力） 232
のロイヤルティ、忠誠心、信頼 34, 105, 218
を受け入れること 148-152
を輝かせること、に活躍の場を持たせること 109-112
を信じること 118-119
を巻き込むこと 125-141
を丸ごと導くこと 143-166
を認める（評価する）こと、のレコグニション 15-16, 82-83
チェスター・M・ピアス 201
チャック・ラニアン 171, 180, 225, 299
つながりが持つ力 87
ディーディー・ウィリアムズ 133, 300
T・レナータ・ロビンソン博士 159, 202, 300
デイビット・ニウ 92, 300
ティム・ヒンチー3世 90, 301
ティンブラ・ヨーカム 111, 301
デニス・テストーリ 80, 81, 131, 301
デラルド・ウィン・スー 201
デンゼル・ワシントン 59
点と点を結ぶこと 177-178
同情（心）、寄り添うこと、思いやり、コンパッション
セルフ・コンパッション、自分自身に対する思いやり 66-67
チームメンバーに対する同情（心） 152-156
トム・ディーツラー 98, 147, 302
トレーニング、研修、（人材）教育 112-113
トレント・セルブリディ 74, 302
ドン・デイヴィス 48, 236, 303

ナ

ニール・ヒューズ 267-268
ニック・スモラリー 194, 303
ネイト・イゲレンスキー 92, 303

ハ

パティ・サラザール 49, 133, 304
パトリック（パット）・ブレイディ 91, 94, 304
ハワード・ビーハー 52, 304
P・ジョセフ・オニール 188, 305
ピーター・メルビー 196, 305
ファルーク・ラジャブ 83, 305
フィードバック、要望や意見、声

グレッグ・ワーゼン　155, 225, 288
クロード・シルバー　99, 134, 170, 289
傾聴サイクル　169-170, 174-175
傾聴の文化をつくること　167-182
ケビン・パターソン　132, 176, 210-212, 219, 289
声をかけやすい存在　88-89, 97-101
コーチ　44, 60-64
コリー・バーバック　61, 86, 204, 253, 290

サ

再構築　245-247
細部への注意　156-160
サイモン・シネック　44
サポート体制　60-64
サラ・エルキンズ　267
サラ・ビーレンバウム　172, 290
サラ・ベルナール　151, 291
ジェニファー・バトラー　139, 291
ジェニファー・フェアウェザー　203, 291
シェリル・シモンズ　185, 292
シェリル・フラートン　129, 218, 292
ジグ・ジグラー　100
自己診断　279
自分の“なぜ”を理解すること　44-52
ジム・ロイター　68, 99, 235, 292
ジャンデル・アレン=デイヴィス　214, 293
従業員→※「チームメンバー」の項を参照
ジュディス・シモーネ　47, 117, 293
ジョアン・ロバートソン　174, 222, 294
ジョー・クォン　88, 294
ショーンティ・コックス・ホランド　243, 252, 294
ジョン・ウッデン　44
ジョン・フォスター・ダレス　264, 272
ジョン・ラフェミナ　136, 295
ジル・カッツ　151, 295
シンシア・グラント　88, 248, 257, 295
信頼（関係）を築くこと　51, 146, 185-186, 243
スコット・シェイ　241, 296
スコット・マッカーシー　129, 296
スティーブ・ブラウン　83, 89, 297
スティーブ・ポール　100, 297
スティーブ・マッキントッシュ　119, 224, 297
スティーブン・R・コヴィー　108
成長、成長の場
　チームメンバーの～　112-121
　リーダーの～　72-75
セオドア・ルーズベルト　24
責任、説明責任　218-221
積極的に耳を傾けること　167-182
セルフ・コンパッション、自分自身に対する思いやり　66-67
セルフケア　64-67
セルフリーダーシップ
　の重要性　44
　のスキルを身につけること　43-78
ソフトスキル　33

タ

ダーク・フリーズ　70, 87, 298
ダニエル・ヴォーン　126, 298
ダニエル・マッカラム　47, 54, 118, 122, 299
ダンソニー・ティレリー　168, 224, 299
チームメンバー（従業員・部下）
　が意見を述べる（発言する・主張する）こと　199
　がリスクをとること　221-223

索引

ア

アーリーン・メンドーサ　171, 280
アーロン・スコーゲン　241, 280
アダム・マッコイ　94, 281
ありのままの自分、本来の自分の姿　67-72
アレックス・スミス　65, 135, 243, 255, 281
安全な空間を提供すること　183-212
アンディ・ブックス　157, 158, 281
アンディ・ボイアン　197, 258, 282
アンドリュー・マクドナルド　131, 134, 222
イアン・ソーン　269, 282
イーサン・マン　148, 283
意識的な行動　56, 60
意思決定　52, 130, 140, 230, 270
一貫性　52-55
委任（すること）　217, 218, 229
ウダイヤン（U・J）・ジャタール　108, 283
エイドリアン・ゴスティック　81
エイミー・C・エドモンドソン　195
エリック・バン・ブレイマー　103, 283
エリック・ヤコブセン　85, 284
エンパワーメント、権限を与えること　214-230, 271
思いやりあるリーダーシップ
　アートとしての～　24, 33
　自己診断　279
　自己認識力（自分を客観視すること）と～　53-54, 74, 78
　実践「本当の」思いやりあるリーダーシップの美学　75, 102, 121, 138, 163, 179, 209, 227, 247
　戦略としての～　253-258
　ソフトスキルと～　33
　とは（意味）　24-25, 30-31
　と矛盾する行動　30
　の原理　271-272
　のためのオンラインコミュニティ　274, 276
　の投資対効果、ROI　251-263
　の利点、恩恵　95
思いやりを評価する（測る）こと　34

カ

カーク・アダムス　49, 284
カレン・ジョンソン　34, 76, 284
キース・フライア　58, 61, 86, 216, 285
キャリー・ジェンキンス　56, 285
ギャリー・リッジ　256, 261, 286
共感、共感力　33, 122, 146-147, 152-156, 187, 208, 234, 238, 279
キンバリー・ラビング　259, 286
グスタボ・タバレス　95, 286
クリス・チャンシー　184, 287
クリスティ・ターナー　71, 287
クリスティ・マッキャン・フリン　232, 287
クリスティーナ・ウェグナー　114, 288
クリスティーン・ジョンソン　57, 65, 93, 215, 288
クリスティーン・ネフ　66

エンプロイー・ファナティクス（Employee Fanatix）について

エンプロイー・ファナティクスの目的は、職場で働き過ごす時間の質的向上を目指して、企業や組織にそのための知性を与えることである。私たちには、「リーダーを輝かせる」というビジョンがあり、リーダーがあらゆる行動において「人を中心に」考えられるよう、そして従業員の声やアイデアが重要だと伝え、従業員をエンパワーメントできるようサポートしている。

現在は従業員エンゲージメント・リーダーシップ開発関連のコンサルティングと研修を担う最大手企業として、企業や組織にさらなる機敏さ、クリエイティビティ、成功をもたらすことにフォーカスしている。例えば、各組織の人事・マネジメントチームと協力して組織の問題を発掘し、信頼関係の構築やモチベーションの向上、離職率低下のためのアクションプランの策定などである。

また、よりインクルーシブな組織文化づくりと、効果的な従業員コミュニケーション戦略を支援し、リーダーのコーチングも担っている。こうして、企業・組織文化の改善やリーダーシップの発揮、業績の向上のための方法を提供している。

より詳しい情報は、EmployeeFanatix.com.で確認できる。

ヘザー・R・ヤンガー　Heather R. Younger

「エンプロイー・ウィスパラー［The Employee Whisperer・従業員と心が通じ合える人］」として名高いベストセラー作家であり、コンサルタント、組織リーダーシップ学部助教授、ファシリテーターとしても活躍。異人種・異宗教間結婚の両親のもとに生まれ、一部の親族から除け者扱いをされながら、同時にレジリエンスを高める。やがて、声を上げられない人々の代弁者となりたい、逆境を再構築する方法を伝えたい、と強く望むようになる。従業員エンゲージメント、ダイバーシティ＆インクルージョン、リーダーシップ開発関連のコンサルティングと研修を行う企業、エンプロイー・ファナティクス（Employee Fanatix）を設立し、現在は業績を上げられる「思いやりあるリーダーシップ」について教えている。これまでに支援した業界は、金融、石油・ガス、建設、エネルギー、医療、個人向けサービス、連邦政府・地方自治体など多岐にわたる。

ポッドキャスト「Leadership with Heart［心で導くリーダーシップ］」のホストを務め、著書『The 7 Intuitive Laws of Employee Loyalty［直感でわかる従業員ロイヤルティの7つの法則］』は、『フォーブス』誌のマスト・リード・リストに選ばれ、人事プロフェッショナルや組織のリーダーにとって必読の1冊となっている。

著者についてのより詳しい情報は、HeatherYounger.com. で確認できる。

弘瀬 友稀　ひろせ ゆき

1993年高知県生まれ。大阪大学外国語学部外国語学科英語専攻卒。在学中に豪州クイーンズランド大学へ留学。大学卒業後は金融機関や英語学習サービス運営会社に勤務する。その他、英会話講師や英文添削指導、ビジネス文書の翻訳など、英語関連の仕事に幅広く携わっている。

ケアリング・リーダーシップ

発行日：2021年10月20日（初版）

著者：ヘザー・R・ヤンガー
訳者：弘瀬友稀
翻訳協力：株式会社トランネット（https://www.trannet.co.jp/）
編集：株式会社アルク出版編集部
カバーデザイン：西垂水 敦（krran）
本文デザイン・DTP：臼井弘志
印刷・製本：萩原印刷株式会社
発行者：天野智之
発行所：株式会社アルク
〒102-0073　東京都千代田区九段北4-2-6　市ヶ谷ビル
Website：https://www.alc.co.jp/

落丁本、乱丁本は弊社にてお取り替えいたしております。
Webお問い合わせフォームにてご連絡ください。
https://www.alc.co.jp/inquiry/

製品サポート：https://www.alc.co.jp/usersupport/

地球人ネットワークを創る

アルクのシンボル
「地球人マーク」です。

PC：7021033　ISBN：978-4-7574-3933-7